ESSAI D'UNE CRITIQUE

SUR QUELQUES POINTS

DE

PHILOSOPHIE MÉDICALE

PAR

LE DOCTEUR PITET

PARIS

J. B. BAILLIÈRE et FILS

LIBRAIRES DE L'ACADÉMIE IMPÉRIALE DE MÉDECINE

Rue Hautefeuille, 19

Londres	**New-York**
H. BAILLIÈRE, 219, REGENT-STREET	H BAILLIÈRE, 290, BROADWAY

MADRID, C. BAILLY-BAILLIÈRE, CALLE DEL PRINCIPE, 11

1858

ESSAI D'UNE CRITIQUE

SUR QUELQUES POINTS

DE

PHILOSOPHIE MÉDICALE

A L'OCCASION DU LIVRE DE M. LE DOCTEUR ARRÉAT, INTITULÉ :

ÉLÉMENTS DE PHILOSOPHIE MÉDICALE.

Le livre du docteur Arréat est très-certainement de ceux qui marqueront dans les annales de la science, et viendront attester les progrès de l'esprit humain dans l'ordre des connaissances qu'il a pour objet. Cependant il nous semble que, entraîné par les inspirations hardies qui naissent au contact des vérités nouvelles, l'auteur n'a pas suffisamment demandé au temps et à la réflexion cette maturité de jugement et d'appréciation qui donne le véritable discernement des choses. Des erreurs, j'ai le regret de le dire, des erreurs importantes se trouvent semées çà et là à travers des aperçus nouveaux, des vues ingénieuses sur les importants problèmes qui touchent aux fondements de la médecine. Ces erreurs, toutefois, ne sont pas de celles qui ruinent de prime abord une doctrine, et entraînent à leur suite un bouleversement complet et radical dans la pratique de l'art. Elles consistent seulement dans l'interprétation particulière de

1

certains faits, et portent exclusivement sur la partie
purement spéculative de la médecine. En dehors de là,
clarté, méthode, logique, enchaînement rigoureux des
idées : telles sont les qualités dominantes de ce livre.

L'auteur consacre sa préface à l'exposition des caractères fondamentaux de toute science. Il énonce d'abord
les procédés par lesquels l'esprit humain procède pour
élever les connaissances à l'état de science constituée,
et indique les trois termes qui lient entre eux tout ce qui
fait partie du domaine scientifique : faits, — lois — et
principes (ou faits principes).

Arrivant ensuite à la médecine, notre confrère dit
« qu'elle ne peut être mise au rang des sciences que
par l'intelligence d'une *vérité principe* qui la *fait être*,
et des rapports de cette *vérité principe* avec les vérités
d'un ordre inférieur que renferment les faits médico-
biologiques de toute nature.

« La médecine ne peut devenir une science constituée, et ne peut être conçue de manière à être facilement embrassée par l'entendement qu'avec le secours
d'une *doctrine générale ou théorie* composée de *propositions identiques appuyées successivement les unes sur
les autres, et toutes ensemble sur la vérité principe qui
en établit la certitude*, et comprenant tous les rapports
qui expriment la solidarité des faits médico-biologiques
entre eux. »

Ce fait principe, qui est destiné à servir de base à
la médecine, notre confrère le cherche en vain dans les
auteurs qui nous ont devancés ; « ce qui fait, dit-il, que
la médecine n'a rien en dehors de sa partie descriptive

de ce qui doit satisfaire l'entendement dans une science bien faite. »

Cependant, « ce principe existe! dit l'auteur, et, bien que quelques-uns s'obstinent à le nier du bout des lèvres, il existe entre tous les caractères des *faits primitifs* et *irréductibles de la création*, avec les caractères des vrais principes. Il embrasse tous les faits médico-biologiques connus et possibles ; — il les explique tous d'une manière générale ; — il fait comprendre les lois fondamentales de ces faits ; — et, avec l'intelligence de ces lois et de ce principe, tout homme qui n'a pas perdu la faculté de raisonner peut formuler sans difficulté les *axiomes* indispensables à toutes les combinaisons de ces faits, ayant pour but de fonder en principe la science médicale, et de ramener à l'*unité* toutes les branches dont elle se compose : la physiologie, l'anatomie, l'hygiène, la pathologie, la matière médicale et la thérapeutique.

« *L'observation* a accumulé avec profusion, à notre profit, les matériaux nécessaires à la construction de notre théorie. La *comparaison* s'y est exercée avec un succès incontestable pour ranger ces matériaux en catégories, sous la rubrique des idées générales de *vie, organisme, santé, maladie, médicament* et *remède*.

« Nous avons cherché à pénétrer le sens supérieur que renferment ces idées générales, en étudiant les tendances qu'elles affectent ; — à comprendre les éléments dont elles se composent ; — à prouver, par une série d'opérations analytiques et synthétiques, 1° qu'il n'y a pas plus de faits médico-biologiques généraux ou particuliers dans un *dynamisme vital* qu'il n'y a d'effets sans causes ; 2° que les lois qui régissent ces faits sont celles de ce dynamisme lui-même ; 3° que la négation de ce principe est la plus palpable et la plus grossière des absurdités qui ont été mises en crédit dans la science médicale.

« Au nombre des *lois propres à ce dynamisme*, nous avons trouvé en première ligne la *loi de résistance* et la *loi d'automatisme*, qui généralisent au plus haut degré les tendances des faits dynamiques de toute nature ; — en seconde ligne, la *loi de conservation*, qui est la loi particulière des *forces vivantes ;* — avec le secours de ce *principe* et de ces *lois*, nous avons trouvé par induction la formule du *rapport fondamental* de la thérapeutique en particulier, du rapport qui préside à la guérison des maladies et qui l'explique.

« C'est en nous fondant simultanément sur ce *principe*, sur ces *lois* et sur ce *rapport fondamental*, que nous avons tenté de formuler une série de rapports solidaires qui cimentent toutes les pièces de l'édifice médical avec des éléments puisés dans un ordre au-dessus de l'ordre purement phénoménal. . . . .

« Cette série de rapports solidaires compose une doctrine qui circonscrit la science des faits médico-biologiques dans celle du *dynamisme animateur*, qui ramène à ce *principe* unique tous les *principes secondaires* dans lesquels elle puise ses développements, et qui fait comprendre que l'étude de ce *dynamisme*, des lois qui lui sont propres, du *milieu* dans lequel il s'exerce, des *phénomènes* auxquels il préside et de ses *rapports* avec les agents qui entretiennent, altèrent et rétablissent son activité normale, n'est que l'étude des divers éléments ou branches dont se compose la science médicale, l'étude de la *physiologie*, de l'*anatomie*, de l'*hygiène*, de la *pathologie*, de la *matière médicale* et de la *thérapeutique*, rapportées à ce principe unique qui les ramène à l'*unité* en les érigeant en un corps de science unitaire et complet. »

Le *fait principe* auquel notre confrère rallie tous les faits de l'ordre médical est donc, comme on le voit, le *dynamisme vital! — Horresco referens! —* Le *dynamisme* vital ! — Ce mot seul est capable d'attirer à notre confrère toute une tempête d'objections auxquelles il ne s'est probablement pas attendu. — Mais laissons un instant cette grande question, et suivons l'auteur.

Dans l'introduction de son livre, notre confrère entre en matière par une définition de la philosophie. — Il la définit : « La science qui enseigne à chercher, et apprend à découvrir la raison des choses. »

Je n'ai garde de faire à l'auteur une querelle de scoliaste sur sa définition. Je dirai seulement qu'elle s'applique plutôt à la *méthode* philosophique en général qu'à la philosophie elle-même, laquelle a d'abord été définie *d'après son objet :* — la science qui a pour but la connaissance de la nature, — de l'homme — et de Dieu ; — et plus tard, de notre temps : — « La connaissance de l'homme comme préparation à celle du monde et de Dieu. »

Par « la connaissance de l'homme, etc., » on entend en même temps toutes les doctrines qui ont été émises sur cette connaissance.

Il est des hommes, — et le nombre en est grand, — auxquels le mot seul de philosophie inspire de l'éloignement, et qui cependant, pareils en cela à certain personnage de Molière, ne font que philosopher sans cesse.

En effet, quelle serait la notion et l'intellection d'une science, en dehors de la notion et de l'intellection des lois qui en forment les principes, et de la collection des faits qu'elle embrasse ? — Or les lois ou causes, les principes ou applications fondamentales qui en découlent, et la collection de tous les faits qui composent le domaine d'une science, incombent à la fois à toutes les facultés de l'entendement humain ; et l'exercice de l'entendement humain est cette opération à laquelle journellement on applique le mot de *philosophisme*.

« Faire intervenir la philosophie dans une science, dit avec raison notre confrère, c'est en raisonner les principes ; c'est s'élever, soit à la connaissance des *notions premières* à l'aide desquelles l'entendement arrive à se rendre compte de tous les faits qu'elle embrasse, soit à l'intelligence du *fait fondamental*, qui permet de réduire à une forme rigoureusement scientifique tous les faits secondaires qui s'y rattachent. »

La philosophie d'une science est tout ce qui, placé en deçà du domaine des faits bruts et de leur perception simple, appartient à la raison même, et conduit à l'intelligence de ces faits touchant leur origine et leur fin.

Or, à ce titre, je le demande, qui, ne fait de la philosophie ; quel est celui qui sans cesse repoussant de la voix et du geste la philosophie de la science, ne fait autre chose lui-même ?

L'homme qui ne raisonnerait pas ne serait-il pas semblable à celui qui, dans un monument, ne verrait rien au delà des matériaux qui le composent, et auquel échapperait la perception de l'harmonie des parties entre elles, et l'intelligence des règles architecturales qui ont présidé à leur admirable disposition ?

« La spéculation philosophique domine, même à l'insu de l'homme, toutes les opérations de son entendement, et exerce sur la marche et le développement de l'esprit humain une influence telle, qu'on se trouve dans la nécessité d'y revenir et de s'y conformer régulièrement, si on ne veut pas courir le risque de s'égarer quand on cherche à découvrir les conséquences d'un principe ou d'un fait quelconque, et à plus forte raison quand on essaye de raisonner sur les fondements d'une science et de s'assurer de la légitimité de ses principes.

« L'homme n'étend son empire sur la nature qu'autant qu'il parvient à découvrir les *lois* qui la gouvernent, à mesurer les *forces* qui lui donnent le mouvement et la vie, et à utiliser ces lois et ces forces pour agrandir progressivement le domaine de son intelligence, accroître ses richesses industrielles, satisfaire tous ses besoins, et multiplier ses jouissances en s'approchant du *vrai absolu* dans l'ordre du bien, dans l'ordre du beau et dans l'ordre de l'utile. L'observation des phénomènes qui s'offrent à ses regards est toujours la première opération à laquelle il se livre pour arriver à cette découverte. Mais, tant qu'il se borne à observer les phénomènes sans distinguer ce qui leur appartient en propre et qui est commun à plusieurs; tant qu'il se contente de recueillir des faits, d'en effectuer le rapprochement d'après certaines ressemblables et sans découvrir leurs analogies fondamentales, il n'obtient, de ces opérations, que des aperçus dont les rapports sont enfermés dans des limites si étroites, que, ne pouvant ni les concevoir ni les grouper sous aucune idée générale, il ne peut élever sur eux avec succès un édifice scientifique. » (P. 18.)

Après ces lignes remarquables, no're confrère poursuit sa dissertation sur le même sujet par des conseils dont le but est de signaler le danger des hypothèses.

La spéculation philosophique est tellement dans la nature de l'esprit humain, qu'il n'est pas de savant, si hostile ou étranger qu'il soit à l'esprit philosophique, qui n'ait quelque hypothèse à son service pour expliquer les faits, tant est grand l'insatiable besoin de se rendre compte de la cause de toutes choses.

« Telle fut l'origine de toutes ces élucubrations hypothétiques dans lesquelles, se flattant de marcher sur les traces de l'oracle de Cos, les médecins envisagèrent tour à tour le *froid*, le *chaud*, le *sec*, l'*humide*, la *faiblesse*, l'*énergie vitale*, la *bile*, l'*atrabile*, le *flegme*, la *pituite*, le *sang*, la *lymphe*, les *nerfs*, les *humeurs*, l'*irritation*, l'*abirritation*, la *saburre*, les *animalcules microscopiques*, etc., etc., comme le principe, la cause et le siège de toutes les maladies. Et l'on peut dire aujourd'hui qu'au milieu de tous ces systèmes plus ou moins bizarres, dont personne ne songe à discuter les principes indiscutables, dont il serait trop long de relever les contradictions et les erreurs, et dont il a été toujours impossible de vérifier les résultats, la médecine se trouve encore, malgré les prétentions et les recherches des anatomopathologistes du dix-neuvième siècle, privée de point d'appui, obscurcie plutôt qu'éclairée, sans règles, sans doctrine générale, sans principes, livrée aux appréciations individuelles de ceux qui la cultivent comme profession. Après vingt-trois siècles de travaux, elle n'a pu franchir sa période d'initiation à la science en fixant, sinon par de bonnes définitions, au moins par des définitions convenues, la valeur réelle des mots dont elle se sert pour exprimer les idées qu'elle développe à grands frais d'érudition dans des conceptions physiologiques, hygiéniques, pathologiques et thérapeutiques, dont pas une n'est restée comme un monument dans la science, depuis Hippocrate jusqu'à nos jours. »

« Enflées, en général, d'une multitude d'idées purement conventionnelles, qui provoquent sans cesse la discussion sans pouvoir y mettre un terme, ces théories ont été presque toujours funestes à la science médicale qu'elles aspiraient à gouverner, parce qu'elles l'ont emprisonnée dans un cadre d'idées sans valeur. » (P. 26, 27.)

Le discrédit dans lequel est tombé le philosophisme vient précisément de l'abus que les auteurs de systèmes hypothétiques ont fait de la philosophie au profit de leurs théories. Toutefois il est un autre abus qui n'a pas moins que le précédent contribué à retarder les progrès de la médecine : c'est celui qui consiste à ne rien voir au delà des faits, et à mépriser toute tendance de l'esprit à l'investigation des lois auxquelles ils se rattachent. Ce n'est donc pas sans raison que bien des écrivains, sans se méprendre sur le sens véritable du mot *empirisme*, s'exclament sans cesse, non contre l'observation, mais contre la mauvaise méthode d'observer.

Dans l'antiquité, les observateurs, comme on le sait, se partageaient en deux camps : l'*empirisme* et le *méthodisme*.

L'*empirisme* reposait sur l'étude des faits naturels, abstraite et dégagée de toute préoccupation de leur raison d'être et de leur fin.

Le *méthodisme* consistait dans la prépondérance du raisonnement sur l'observation pure.

Les empiristes se bornaient à constater les faits, tandis que les méthodistes péchant par l'excès contraire, et trouvant dans leur seule raison la raison des choses, à la place des lois scientifiques élevaient des hypothèses.

Les temps ne sont pas changés sous ce rapport... De nos jours il existe encore des empiristes et des méthodistes. N'avons-nous pas l'école des observationnistes, des positivistes, et des numéristes, d'une part; et de l'autre celle des rationalistes, c'est-à-dire de tous ceux qui, sous le prétexte de tout mesurer à l'infaillible raison, confondent *la raison* avec leur raison, et rejettent tout ce qui ne peut s'adapter à ce cadre étroit et borné.

Il est évident que ni l'une ni l'autre de ces deux classes d'individus ne se doute encore de ce que c'est que la raison et de son véritable usage. Tour à tour empiriques ou rationalistes, suivant les besoins de la cause pour laquelle ils se passionnent, on voit leur polémique s'égarer dans les sentiers les plus obliques, dans les divagations les plus extravagantes où puisse se fourvoyer l'esprit humain (1). Tout est confusion dans

(1) Un journal des hôpitaux nous fournissait, il y a quelques mois, un modèle frappant de cette manière de raisonner.

« . . . . Et c'est seulement après une telle constatation que je m'inclinerais,

le, rationaliste, les termes du langage, les procédés
de la méthode, tout, jusqu'au mode de perception des

disait-il, *si tant est que la raison doive s'incliner devant ce qui lui paraît impossible ou absurde.*

« La double vue et le globule, n'est-ce pas, au moins un peu, sinon tout à fait, l'histoire des feuilles de noyer? Et quand je contemple, sur le bureau où j'écris ces lignes, ces feuilles cueillies ce matin même dans mon jardin; quand je vois qu'en les faisant passer à la filière (à plus forte raison en écrasant simplement leurs nervures comme le fait M. Raphaël) j'en extrairais à peine assez de suc pour noyer un acarus, *ma* raison peut-elle admettre, sur la foi d'un continuateur de Bichat, d'un observateur qui a vu la sérosité prendre flamme; que cette feuille, sèche quasi comme du parchemin, quoique fraîche, puisse, étant appliquée sur la peau, guérir une pustule maligne arrivée à sa quatrième période, c'est-à-dire détruire les effets d'une intoxication des plus graves de l'économie?

« Non, vraiment; *ma* raison se révolte, et elle croirait volontiers plutôt à la guérison de la rage par l'imposition des médailles de Saint-Hubert, etc.

. . . .

« . . . . . Pourquoi donc n'y crois-je pas, pourquoi donc n'y croyez-vous pas vous-même? Vous n'y croyez point, d'abord parce que ces faits sont contraires à tout ce que nous apprennent des conditions physiques et physiologiques mille fois constatés par les plus sévères (qui?), les plus intelligents (lesquels?) observateurs; vous n'y croyez pas, ensuite, parce que les témoins de ces faits étranges, tout honorables qu'ils soient, sont loin d'offrir assez de garanties *pour que vous puissiez préférer leurs témoignages à celui de votre raison.* »

Que la raison de M. C........ se révolte à l'énoncé du problème de M. Raphaël, il n'y a là rien qui nous étonne. Car, entre la raison de M. C ...... et *la raison*, il y a un abîme; entre la perception d'un fait expérimental par les instruments de nos connaissances, et l'examen relatif à l'origine, à la cause et à la fin de ce même fait par *la raison*, un autre abîme.

Cependant M. C........ ne doit pas ignorer, je le suppose, que les instruments de l'intelligence ne sont que des moyens de perception, et que l'intellect humain ne renferme pas en lui-même la somme des connaissances, en d'autres termes, qu'il n'a pas *la science infuse.* Il est donc évident que la raison de M. C..... ne peut avoir d'autre autorité que celle des faits acquis; qu'elle ne saurait représenter autre chose que la quotité de ses connaissances individuelles, et que l'importance de son jugement sur les faits nouveaux ne saurait avoir d'autre mesure que l'importance même, ou la légèreté de son bagage scientifique.

Cependant, c'est en vertu de *sa raison*, c'est-à-dire de la somme de ses connaissances individuelles, que M. C...... prétend juger les faits scientifiques ! — Il n'a pour lui qu'une mesure relative, et il juge par l'absolu : ceci donne une

faits qui, travestis en même temps que perçus, revêlent
sous la plume qui les reproduit la forme de l'erreur et
du mensonge.

La science semble naître avec les rationalistes et se
résumer en eux-mêmes. Ainsi, un fait nouveau, faux ou
vrai, a-t-il fait son apparition, les rationalistes se gar-
deront bien de l'examiner, d'en vérifier la véracité; ceci
leur importe peu. N'ont-ils pas pour arbitre leur raison,
ce juge suprême? Le fait nouveau est donc mesuré à ce
mètre infaillible, et, s'il heurte par trop visiblement
leurs préjugés et leurs tendances, du haut de l'olympe
où s'est retranché cet aréopage du mensonge le fait
nouveau est impitoyablement fulminé et rejeté.

On conçoit où tend ce système qui consiste à prendre
la somme des connaissances pour raison suprême, pour
arbitre de toutes choses : à la négation du progrès scientifique, à l'exclusion générale de toute découverte, à
l'anéantissement de toute science. A ce titre, chacun a

---

haute idée de sa philosophie! — N'est-il donc pas évident que, s'il eût vécu du
temps de Galilée, M. C...... l'eût infailliblement brûlé vif; car, quoi de plus
révoltant pour la raison que ce fait brutal : « La terre tourne! » — De nos
jours, M. C.. ... se borne à brûler M. Raphaël; pourquoi cette préférence? —
Pour nous, nous ne brûlerons point M. Raphaël (sans examen); — pas même
M. C...... Mais, lorsqu'un fait nouveau nous est communiqué, laissant de côté
toute opinion préconçue, nous nous bornons à en prendre connaissance. —
Est-il vrai, — est-il faux? — Dans l'un et l'autre cas, notre raison n'a rien
autre chose à faire qu'à l'accepter, ou à le récuser, sauf examen ultérieur des
faits qui lui sont corrélatifs, s'il est exact. — C'est ainsi que nous avons procédé
à l'égard de M. C...... lui-même; et, après avoir constaté qu'il avait péché par
la méthode philosophique, nous nous sommes demandé quel était le motif qui
l'y avait poussé. — La raison est resté muette, comme cela devait être. Les
faits, peut-être, un jour, nous instruiront mieux!

Avant plus ample informé, nous ne nous permettrons donc pas de porter
sur M. Castelneau un jugement par l'absolu, et nous abstiendrons même de
dire à son sujet : *Ab uno disce omnes!*

un droit égal à la juridiction suprême de toutes choses au nom de la raison, c'est-à-dire de sa raison; et alors, c'est le cas de se demander, qui a raison? — au milieu de tant de raisons, quelle est la bonne, la vraie? — On ne peut s'arrêter à de telles puérilités, il suffit de les signaler.

La véritable méthode philosophique consiste à étudier les faits à l'aide de la double lumière de l'entendement et des sens. Puis, ultérieurement, à procéder de la manière la plus attentive à l'étude comparative de leurs analogies, de leurs différences et de leurs rapports, pour s'élever ensuite à la connaissance de leurs causes, de leur origine et de leur fin.

Les inventeurs de théories, comme le reconnaît notre confrère, ont constamment séparé l'étude de la nature physique de celle de la nature psychique de l'homme. Pour n'avoir envisagé l'homme que dans sa nature organique, les médecins n'ont pu s'élever au delà des lois physico-chimiques qui appartiennent à la nature morte. Alors les malades ne leur ont plus apparu que comme des altérations de solides ou de liquides ; — les médicaments comme des agents physiques ou chimiques destinés à modifier les solides et les liquides, suivant les lois de la nature inanimée.

Satisfaite des banales interprétations du mécanisme humain, empruntées aux lois des corps inertes, la médecine a d'abord nié l'élément psychique de la vie ; elle a méconnu les ressorts mystérieux de la vie organique, et le véritable moteur qui préside à l'organogénésie et à l'évolution tout entière des phénomènes bio-génésiques.

« Alors elle a disséqué les cadavres pour y chercher la maladie, et a étudié les propriétés physiques et chimiques des médicaments pour y chercher des remèdes. Elle n'a trouvé dans ceux-là que des altérations qui sont des résultats accidentels de la maladie, et dans ceux-ci qu'une matière inerte semblable à celle des autres végétaux ou minéraux, sans jamais rencontrer, ici le remède, là la maladie. » (P. 35.)

La médecine manque donc d'un principe fondamental qui puisse servir de base à tout l'édifice médical !

C'est pourquoi, poursuit notre confrère, « tous les médecins de bonne foi, qui, depuis Hippocrate jusqu'à nos jours, ont formulé sur sa valeur réelle un jugement impartial, se sont accordés à la regarder comme une science mal faite, conjecturale, sans fondements, et d'une application souvent dangereuse. » (P. 36.)

« Les systèmes qu'elle a vus naître et mourir depuis deux mille ans, tous également inutiles à la thérapeutique qu'ils ont laissée dans l'indigence, s'y accusent réciproquement d'impuissance, et démontrent avec évidence, à tout esprit impartial qui les soumet au creuset de la logique, qu'ils n'ont été produits qu'au moyen de généralisations incomplètes et d'orgueilleuses classifications de faits arbitrairement présentés comme autant d'expressions des idées préconçues par leurs auteurs. » (P. 38.)

. . . .

. . . . . « Ceux qui adoptent la même manière de voir à l'égard de ce qu'ils appellent les principes, diffèrent sur les applications pratiques auxquelles ils servent de fondement, et tous sont d'accord pour appeler *éclectisme* cette manière commune de voir et de faire. »

« L'éclectisme, a dit M. le professeur Andral, n'élève
« point de doctrine. A la place des croyances qu'il
« ébranle, il n'en substitue aucune. Son plus grand ser-
« vice est de montrer que sur aucun point la science
« n'est faite, et que toutes les théories actuelles sont
« insuffisantes pour expliquer les faits qui, chaque jour,
« enrichissent la science (1). » (P. 59.)

« Mais, puisque l'*éclectisme médical n'élève pas de
doctrine*, et que les médecins éclectiques du dix-neuvième siècle, convaincus que la science médicale n'est
faite sur aucun point, se plaignent de n'avoir pas de
doctrine générale, de n'avoir pas de médecine ; en un
mot, pour juger quoi que ce soit qui s'appellerait médecine, ne serait-il pas urgent d'envisager enfin la médecine d'une manière générale comme un simple objet de
connaissance, et d'étudier avec indépendance et sans
prévention les conditions qu'elle doit remplir pour mé-
riter le titre de *science constituée en principe?* »

. . . .

C'est en vain que dans les travaux de médecine en-
tassés jusqu'à nos jours on chercherait « les rapports
vrais ou même purement hypothétiques qui expliquent
la simultanéité et la solidarité des manifestations nor-
males et anormales de la vie dans l'organisme, c'est-à-
dire les rapports qui lient la santé et la maladie.

« On y cherche bien plus inutilement encore les rapports qui lient la maladie au médicament, au remède, à
la vie et à l'organisme.

(1) Andral, *Valeur des théories en médecine.*

« La physiologie, la pathologie, la matière médicale et la thérapeutique y sont envisagées comme des sciences indépendantes les unes des autres, parce qu'on n'y découvre aucun principe d'un ordre supérieur de nature à fixer leur commune origine, à les embrasser, à les enchaîner et à les ramener à l'unité.

« Malgré les prétentions rationalistes qu'ils affectent, ces travaux ne fondent que sur des principes qui fléchissent sous le joug des opinions individuelles les préceptes dont se servent les médecins pour diriger les opérations de la pratique médicale et en contrôler les résultats. » (P. 44.)

Pour transformer la médecine en une véritable institution scientifique, il faut, ajoute notre confrère, « s'y rendre maître du *fait principe* sur lequel elle repose, ramener à ce fait unique tous les faits généraux sur lesquels se trouvent établies les diverses catégories de faits médico-biologiques dont elle se compose. » (P. 46.)

. . . .

« Nous sommes convaincu, nous, que ce fait antérieur existe, qu'il est une réalité objective et non *un être de raison, une chimère, une fable physiologique du moyen âge*, et qu'il existe avec tous les caractères *des faits primitifs, irréductibles, fondamentaux, principes ;* que la tradition médicale fait foi de son existence et de sa valeur ; qu'il n'a jamais été nié sérieusement et scientifiquement par aucun auteur de théorie médicale pendant cette période de vingt-trois siècles qui s'est écoulée depuis Hippocrate jusqu'à nos jours. » (P. 54.)

Dans toute son introduction, l'auteur s'applique à

démontrer la nécessité de faire connaître le fait principe qui doit servir de base constitutive à la médecine,
et dont une fausse philosophie a constamment détourné
les médecins. A ce propos, il rappelle les paroles suivantes de Barthez : « Ce qui est cause que la médecine
« a fait peu de progrès jusqu'à présent, c'est qu'on a
« négligé dans l'étude de l'homme les règles fonda-
« mentales de la vraie méthode de philosopher. On ne
« peut attendre de grands progrès dans une science où
« la méthode philosophique a été négligée, qu'autant
« qu'on y renouvelle le corps entier de la doctrine
« conformément aux vrais principes de cette mé-
« thode (1). »

L'auteur rappelle encore ce qu'a dit Laromiguière sur
le même sujet : « Une science bien faite est une suite
« de raisonnements identiques, dont chacun se com-
« pose de propositions identiques, qui, elles-mêmes,
« sont le rapprochement de deux termes identiques,
« c'est-à-dire de deux termes sous lesquels il n'y a
« qu'une seule et même idée (2). »

— « La perfection d'un système consiste dans l'ho-
« mogénéité de ses parties. Il faut qu'en allant du prin-
« cipe aux conséquences, et même aux conséquences
« les plus éloignées, on retrouve toujours ce principe,
« modifié sans doute, mais jamais altéré dans sa nature,
« car alors le système aurait perdu son unité (3). »

L'étude du fait principe qui domine toute la médecine est donc ce qui fait l'objet principal du livre de

(1) Barthez, *Élém. de la science de l'homme.* Introduct.
(2) *Disc. sur le raisonnement.*
(3) Quatrième Leçon de philos.

2

notre confrère ; et c'est par là qu'il entre en matière dans son premier chapitre.

Notre confrère prend pour point de départ ces deux vérités fondamentales :

« 1° Qu'il n'y a pas d'effet sans cause, pas de conséquence sans principe, pas de signe sans une chose signifiée, pas de mouvement sans force qui le procure;

« 2° Que cette cause, ce principe ou cette force opère d'une manière toujours identique, quelle que puisse être l'apparente diversité de ses effets, de ses conséquences, de ses mouvements. . . . .

. . . .

« Par conséquent, les rapports qui lient *les faits aux principes* sont le premier et le principal objet de la connaissance scientifique. » (P. 73, 74.)

Il n'est personne qui puisse objecter quoi que ce soit à cette entrée en matière. Toutefois, qu'une « cause, un principe ou une force opère d'une manière toujours identique, quelle que puisse être l'apparente diversité de ses effets, de ses conséquences, de ses mouvements, » c'est ce qui aurait besoin d'une explication. La diversité dans les effets suppose nécessairement une diversité dans les opérations, et celle-ci dans les instruments, sinon dans la cause.

Plus loin, l'auteur s'applique à démontrer que les sciences métaphysiques peuvent aussi bien que les mathématiques conduire à une certitude positive. Elles aussi reposent comme ces dernières sur des propositions indémontrables ou axiomes; et, dans tout raisonnement, comme dans toute théorie, l'esprit soustrait, ajoute ou substitue.

Une science positive, dit-il, est celle qui repose sur un *fait principe*. La découverte de ce fait principe est, entre toutes, l'œuvre la plus difficile. Elle dépend moins de l'observation des faits que de leur véritable interprétation; et rien n'est plus variable que celle-ci. Que de fois le philosophe poursuivant cette recherche n'a-t-il pas pris l'hypothèse pour le principe !

Examinons donc comment notre confrère va nous guider à travers cette route abrupte.

Un grand fait, dit-il, domine tous les autres dans l'étude des phénomènes biologiques; « ce fait est la foi de l'esprit humain dans la liaison et la solidarité des idées suivantes : *vie, organisme, santé, maladie, médicament, remède.* »

« Puisque (p. 124) la science médicale comprend l'étude de la vie, de l'organisme, de la santé, de la maladie, du médicament et du remède, il est évident que, si nous parvenons à déterminer les caractères essentiels et fondamentaux des idées que nous devons attacher à ces mots, et à en fixer le sens avec une rigoureuse précision, nous serons sur la voie *du principe*, ou de l'*idée principe* sous laquelle viennent se grouper tous les faits médico-biologiques. . . . . »

Les différentes manifestations de la vie dans tous les êtres se réalisent en des mouvements. La première idée que le mouvement éveille en notre esprit est l'*idée de force;* et l'idée de force est corrélative à celle du mouvement. « Par conséquent (p. 134), l'idée *de la vie en soi* ne pouvant être comparée qu'à l'idée de *force*, idée éminemment simple, irréductible et fondamentale dans laquelle nous trouvons celle d'un fait primitif, nous devons dire que la *vie* est une *force*, et ne peut être autre chose, et que cette *force* est le *fait fondamental* qui préside aux actions vitales, lesquelles ne sont elles-mêmes que les mouvements particuliers par lesquels cette force révèle et manifeste la vie. »

« L'idée de la *santé* (p. 135) n'est, en dernière ana-lyse, que l'idée de la *régularité* parfaite des *mouvements* par lesquels la *vie* se manifeste, et de l'*harmonie* de tous les rapports qui s'établissent entre ces divers *mouve-ments*. Elle est au fond une idée corrélative à celle d'é-*quilibre*. Et, attendu que les deux idées de *mouvement* et d'*équilibre* ne ramènent l'esprit qu'à l'idée fondamentale de *force*, personne ne peut nous contester que c'est encore l'idée de force qui se trouve au fond de l'idée de santé, qui en marque l'origine, qui l'explique et en fixe les rapports avec la vie. »

L'idée de la *maladie*, dit encore notre confrère, soit qu'on l'envisage comme *effet*, soit qu'on la considère comme *cause*, comporte également en elle l'idée de *force*.

Il en est de même du *médicament* en général et du *remède* en particulier. Quel que soit le point de vue auquel l'esprit se reporte pour surprendre sa marche à travers l'organisme; qu'il s'arrête d'abord aux divers troubles d'actions, ou qu'il le suive jusque dans ses rapports immédiats avec les forces : que cet agent lui apparaisse, tantôt comme le facteur des désordres survenus dans les fonctions, tantôt, comme l'agent redresseur de l'équilibre troublé, toujours c'est l'idée de *force* qui l'emporte et prime sur toutes les autres.

Les considérations que notre confrère a développées à l'appui de sa thèse sur l'origine de la notion de force chez le vivant pourront n'être pas acceptées par tous les commentateurs. Pour ma part, j'applaudis à la liberté qu'il a prise d'éviter de se perdre dans de puériles définitions de mots, et de s'être prudemment renfermé dans le domaine des idées. Ce procédé, s'il n'a pas le mérite de satisfaire aux préceptes de la scolastique, échappe du moins à l'inconvénient de rendre la dissertation obscure et souvent inintelligible.

L'idée d'un *organisme* comprend à la fois celles de *matière*, d'*organes*, de *lieu*, de *temps*, d'*espace*. « Ces idées se lient à celle de l'*organisme* considéré comme le milieu dans lequel s'accomplissent tous les phénomènes médico-biologiques. » Or, de même que tous les phénomènes naturels sans les idées de matière, de temps, d'espace, etc., ne sauraient se concevoir; de même aussi nous ne saurions saisir et « comprendre les lois et les rapports des phénomènes médico-biologiques sans l'idée du milieu dans lequel ils apparaissent, se succèdent et se lient, c'est-à-dire, sans l'idée d'un *organisme*. »

« En observant attentivement les phénomènes qui se passent dans l'organisme vivant, on ne tarde pas à se convaincre qu'ils se réduisent tous à des *mouvements*; qu'il suffit de réfléchir aux conditions d'*unité* de l'autonomie vivante pour acquérir la certitude que tous ces *mouvements* sont dus à une cause unique : le *dynamisme*

vital, la *force vitale*; et que, par conséquent, l'idée de
la force est l'idée du fait fondamental, qui domine tous
les faits médico-biologiques, l'idée du fait qui en domine tous les rapports, l'idée du fait qui doit marquer
le point de départ de la science médicale, et, en un mot,
l'idée du fait auquel on doit rapporter toutes les affir-
mations sur lesquelles on se fonde pour fixer les principes de cette science. » (P. 141.)

L'idée de *force*, en effet, est un fait aussi positif,
aussi concret que l'idée de mouvement. Sans l'idée de
force, ni le mouvement ni l'organisme ne sauraient se
concevoir et seraient absolument sans objet.

Dans l'univers, l'idée de force apparaît comme pré-
existant à la matière et aux êtres vivants, comme fait
constant et antérieur à toute création; et, dans l'organisme, comme le recteur suprême de tous les actes
qui s'y accomplissent.

Dans l'*idée de force*, le naturaliste trouve l'élément
générateur des êtres; le mathématicien, le principe
générateur des grandeurs; le physicien, le chimiste, le
mécanicien et l'astronome, l'élément moteur, transmu-
tateur et recteur de la matière.

Le rejet de l'idée de force appliquée à l'organisation,
sous le prétexte illogique que la force vitale ne tombe
pas sous les sens, équivaut à la négation pure et simple
de toutes les forces de l'univers.

Le simple énoncé de l'idée de force implique l'idée
d'une substance différente de la matière muable. Le caractère inhérent à toute force n'est-il pas d'échapper à
tous, ou à plusieurs de nos sens? Lorsque la goutte d'eau
passe à l'état de vapeur et devient une force, toutes ses

conditions physiques ne sont-elles pas changées, et déjà
n'échappe-t-elle pas au sens visuel? L'électricité, le
magnétisme, sont-ils perceptibles? A quel état les poisons, les miasmes pestilents, tous les principes léthifères du globe, et les médicaments eux-mêmes manifestent-
ils le mieux leurs effets virtuels ou dynamiques, si ce
n'est lorsqu'ils ont revêtu l'invisibilité, l'intangibilité,
l'impondérabilité, en un mot, la plupart des caractères
communs aux forces naturelles?

Mais est-il vraiment bien important de s'arrêter à de
pareilles aberrations : la *démonstration de l'idée de force*,
pour celui qui connaît l'irrésistible puissance, non de
la raison individuelle, mais de la logique, c'est-à-dire du
plus puissant *criterium* de l'entendement humain, cette
démonstration, dis-je, n'est-elle pas supérieure au témoignage même de nos sens, qui est faillible?

Toute *force*, toute *cause*, se révèle par ses effets. Or
l'étude des phénomènes qui se passent dans les corps
vivants appartient à la physiologie et révèle une force
vivante ou organique; de même que l'étude des phénomènes naturels est du domaine de la physique et de
l'astronomie, et suppose des forces naturelles ou physiques; de même que l'étude des facultés de l'esprit
appartient à la psychologie et révèle l'existence de l'esprit.

Il ne viendra sans doute à l'idée de personne d'attribuer à une cause unique, et les faits de la nature morte,
et ceux de l'organisation, et les opérations de l'entendement humain. Or la diversité et la spécialité dans les
phénomènes suppose et entraîne nécessairement la spécialité et la diversité dans les causes, dans les forces.

Autre est l'idée d'une force, autre celle de ses effets :
— autre l'idée de son mode d'action, autre celle de son
essence intime. Ce n'est pas la question de l'*essence* du
principe vital qu'il importe de connaître, mais bien sa
réalité elle-même. Rejeter le principe de force de l'économie, confondre dans une même idée celle de force et
celle de matière inerte, c'est donner à celle-ci les attributs opposés d'activité et de passivité, de causalité et de
subjectivité.

La réalité du principe vital se déduit aussi rigoureusement des faits biologiques que celle des forces physiques de l'étude des phénomènes physiques, que la
réalité de l'esprit se déduit des faits intellectuels et métaphysiques.

Le véritable point de départ de la doctrine de Hahnemann est donc dans l'idée générale de dynamisme, ainsi
que notre confrère l'a parfaitement compris et développé. L'esquisse rapide que Hahnemann nous a laissée
de sa doctrine est plus que suffisante pour faire comprendre sa pensée tout entière.

C'est donc à juste titre qu'il faut reconnaître que
c'est à la doctrine homœopathique que revient le mérite d'avoir rassemblé les matériaux jusque-là épars
dans les auteurs, de l'édifice médical. Tout concorde en
même temps à corroborer les principes par elle re-
connus et posés : sciences naturelles, sciences psycholo-
giques, métaphysiques et théologiques.

En médecine comme dans les autres sciences naturelles, l'idée d'un dynamisme est le pivot, le centre
autour duquel tous les faits viennent se grouper.
« C'est par lui (p. 148) que s'accomplissent tous les

phénomènes médico-biologiques; c'est-à-dire tous les
phénomènes que manifeste la vie autres que ceux auxquels l'esprit préside incontestablement. » C'est par ce
fait primitif et irréductible que notre confrère espère
ramener la science médicale à l'*unité*.

Après ces considérations sur l'idée d'un dynamisme,
l'auteur reprend de nouveau, pour mieux les approfondir, les mots de *santé, maladie, organisme*, etc. Toutes
les définitions qui, depuis Hippocrate jusqu'à nos jours,
ont été tentées sur les objets principaux qu'embrasse
la médecine ne sont, dit-il, que des définitions de
mots, des définitions purement grammaticales, qui
laissent dans le vague et l'obscurité l'essence même de
la chose à définir. « Galien n'a pas (p. 154) adopté, à
l'égard du sens qu'on doit attacher à ces mots, la manière de voir d'Hippocrate, Van Helmont celle de Para-
celse, Sydenham celle de Sthall, Brown celle de Baglivi,
Barthez celle de Bordeu, Broussais celle de Pinel; et,
parmi les éclectiques du dix-neuvième siècle, ceux
de l'école de Paris rejettent celle des professeurs de
l'école de Montpellier. »

« L'idée de la *vie en soi* est celle d'une force, unique,
et *sui generis* dans chaque être organisé selon l'espèce à
laquelle il appartient, qui préside automatiquement à
tous les mouvements de leur organisme et qu'on
nomme force vitale ; tandis que la *vie*, considérée dans
ses manifestations, la vie telle qu'elle se présente à
l'observation, n'est que l'état de résistance incessante
que cette force vitale oppose automatiquement à toutes
les causes qui tendent à la neutraliser. » (P. 156.)

« Prise dans un sens absolu (p. 157), l'idée de la

santé n'est que l'idée de l'équilibre, de la régularité et de l'harmonie parfaite des mouvements par lesquels la vie manifeste, dans un sujet, qu'elle résiste bien aux causes qui tendent incessamment à la détruire. Cet équilibre, cette régularité et cette harmonie parfaites dans les fonctions de la vie, n'existent pas ; mais l'idée abstraite qui les suppose est nécessaire à la constitution de la science médicale. »

« L'idée de la *maladie en soi*, dans son principe, n'est que l'idée d'une action dynamique quelconque qui sollicite la force vitale à troubler l'équilibre, la régularité, l'harmonie des mouvements. » (P. 157.)

« Considérée dans ses manifestations extérieures, dans sa forme, la maladie, telle qu'elle se présente à notre observation, est l'ensemble des perturbations que la force vitale apporte dans l'équilibre, la régularité, l'harmonie des mouvements qu'elle imprime à l'organisme, perturbations par lesquelles celle-ci atteste qu'elle résiste mal aux causes qui tendent à l'excéder. »

« L'idée du *médicament en soi* (p. 158) n'est que l'idée d'une virtualité ou force qui peut solliciter la force vitale à troubler l'harmonie et la régularité des mouvements par lesquels elle manifeste qu'elle résiste bien aux causes qui tendent incessamment à la détruire, et qui peut devenir un *remède*. »

L'idée du *remède*, celle de la puissance dans laquelle réside le pouvoir de restituer à la force vitale le rhythme normal, le jeu régulier des mouvements.

« Qu'est-ce enfin que la *médecine en soi* et dans le

principe qui la fait être, comment doit-on définir cette science? »

. . . .

. . . . . « La science qui comprend l'étude des mouvements par lesquels la vie se développe, se conserve, s'altère ou se rétablit, ainsi que des organes qui exécutent ces mouvements, et qui enseigne à connaître et à utiliser les divers agents qui ont la puissance de conserver, d'altérer, de rétablir ou de détruire ces mouvements, cette science est la médecine. »

L'auteur, comme on le voit par l'exposé qui précède, a donc entièrement négligé la définition du mot, pour s'attacher exclusivement au *sens* de l'objet à définir.

« Il ne suffit pas, ajoute-t-il (p. 161), d'avoir défini, d'une manière plus ou moins exacte et définitive, les idées que renferment, au point de vue de la connaissance scientifique, les mots de vie, organisme, maladie, santé, médicament, remède, et d'avoir exposé ces définitions aux regards des lecteurs, pour être assuré de leur faire accepter d'emblée toutes les conséquences logiques qui peuvent découler des principes qu'elles renferment, il faut encore leur montrer comment ces idées se lient, se nuancent, s'amalgament à l'aide de ces principes, et en faire sortir les rapports les plus prochains dont la synthèse logique suffit pour fixer, dans le domaine de la connaissance scientifique, le symbole de la science à laquelle ces idées servent de fondement comme principes et d'aliment comme faits. Telle est la tâche que nous allons essayer de remplir dans ce chapitre. »

« Si, d'une part, l'idée la plus générale et la plus

simple qu'il est possible de concevoir de ce que la médecine est *en soi et dans son principe* se trouve dans la
définition que nous en avons donnée ; si, d'une autre
part, nos définitions des idées de la vie, de santé, de
maladie, de médicament, de remède et d'organisme,
font connaître la nature essentielle de ces choses, on
doit voir clairement que les mots dont se sert le langage
pour les exprimer ne sont que les formes intelligibles
qu'il applique à différentes formes réelles sous lesquelles se présente à notre observation sensible une
seule et même chose, un seul et même principe, le principe vital. On voit également qu'à travers ces expressions du langage et ces manifestations physiques
qu'elles traduisent, c'est toujours la même idée qui
nous arrive sous une nouvelle apparence et avec de
nouvelles propriétés ; que les diverses transformations
de cette même idée constituent les diverses parties dont
se compose la science médicale, et que la transfusion
de cette même idée dans tous les faits médico-biologiques est ce qui marque au plus haut degré le caractère scientifique de la médecine, et nous montre non-
seulement la possibilité de la fonder en principe, mais
encore la certitude de la ramener rigoureusement à
l'unité avec le secours de cette seule idée fondamentale, l'idée du principe vital. »

Or, dit encore notre confrère, l'idée de force se re-
trouvant constamment au fond des éléments qui constituent par leur objet les bases mêmes de la médecine,
vie, organisme, santé, *maladie, médicament, remède,*
n'est-il point évident que cette idée résume en elle-
même le principe qui relie ensemble les diverses par-

ties du tout : l'anatomie, la physiologie, l'hygiène, la pathologie, la pathogénésie et la thérapeutique, « et que ce *vrai principe est le principe dynamique* qui comprend dans sa généralité le *principe vital* à l'aide duquel il faut découvrir et mettre en lumière la connexion et les rapports des principes qui gouvernent toutes les subdivisions de la science médicale? » (P. 164, 165.)

Le système auquel M. Arréat se rallie n'est autre, comme on le voit, que celui auquel l'école de Hahnemann a donné le nom de *dynamisme vital*, par antithèse avec celui de l'organicisme. Ce système reste complétement distinct de l'*animisme*, qui attribue à la substance spirituelle seule la mission de présider à tous les phénomènes qui s'accomplisssent dans le corps vivant (1).

Nous voici maintenant aux causes premières de l'individu.

De même que l'unité forme la base de la science mathématique, et que celle-ci repose sur un certain nombre de vérités simples ou axiomes, — de même, dit notre confrère, les principes et les bases de la médecine doivent être renfermés dans un certain nombre de propositions indémontrables telles que celle-ci : « Il n'y a pas d'effet sans cause; — la force précède la forme dans

(1) L'*animisme* se sépare du *vitalisme* ou *dynamisme* par la négation d'une force vitale ou végétative quelconque en dehors de l'esprit. En ceci, l'animisme n'est pas plus dans le vrai que l'organicisme. Les forces ne se dissèquent ni ne se palpent : elles se démontrent. En groupant tous les faits biologiques sous les lois de l'esprit, l'animisme pose un pied dans la lumière et l'autre dans les ténèbres. — Le *vitalisme* en diffère essentiellement par la distinction des faits qui appartiennent à l'esprit de ceux qui sont du domaine de la force vitale.

l'évolution des corps; — la force est le principe de la forme; — une force ne peut être mise en jeu ou neutralisée que par une autre force; — toute action entraîne une réaction. »

Examinant donc de nouveau chacun des faits fondamentaux qui embrassent la médecine, vie, organisme, etc., notre confrère s'applique à démontrer qu'au fond de chacune de ces choses se trouve l'idée de force; et il en conclut que toutes les opérations de l'organisme, tant en santé qu'en maladie, et la médication elle-même, reposent sur cette idée que l'on a résumée dans ces mots : dynamisme vital.

Il reconnaît en l'homme trois substances : la substance organique avec son élément virtuel tiré de l'organisation, et la substance intelligente, l'esprit.

Enfin il arrive à la question fondamentale des facultés de l'esprit, et de leur influence sur l'organisation.

Toutefois je dois dire, sans m'y arrêter, que les paragraphes 81 et 82 du même chapitre sur la sensibilité physique et les sensations ont été pour moi, eu égard à l'état actuel de la science, l'objet d'un profond étonnement.

Il en a été de même du paragraphe 89 sur la volonté. Ainsi l'auteur dit de la volonté, qu'elle n'est pas une faculté de l'esprit, etc., lorsqu'elle est la plus importante de toutes.

Pour qu'un acte s'accomplisse, ne faut-il pas avant tout que la faculté qui lui est corrélative existe? L'acte ne se conçoit pas sans la faculté qui lui correspond; et la faculté est pour les faits de l'esprit ce qu'est la force pour les faits du monde physique (1). Par la sensibilité (sentiment), l'esprit perçoit; — par la raison, il juge, compare; — par la volonté, il agit, se détermine; — et ces trois facultés, jointes à celle d'avoir des idées et à la collection des idées innées, forment les principaux attributs, et comme l'essence même de l'esprit.

Autre question : « Les fonctions vitales sont-elles le résultat de l'organisation; — ou bien l'organisation est-elle le résultat des forces vitales et plastiques? »

Répondant aux conclusions de M. Cournot sur le même sujet (2), notre confrère réplique :

« Si l'on entend par *organisation* le mode de structure des tissus et des organes particuliers aux êtres vivants suivant l'espèce à laquelle ils appartiennent, il est évident qu'un *mode* n'étant pas un *principe*, mais le résultat d'un principe, il serait irrationnel d'admettre que le *mode de structure des tissus et des organes fût le principe* des mouvements dont ils sont le siége *des fonctions vitales*. Ce mode de structure est nécessaire à leur accomplissement sans en être *le principe*. » (P. 258.)

« L'esprit humain, dit M. Cournot, cité par l'auteur, « tourne fatalement dans ce cercle, parce qu'il lui est « également impossible de concevoir que l'organisation « précède la vie, et que la vie précède l'organisation. Il « n'y a pas moyen de concevoir la vie comme antérieure « à l'organisation. » . . . .

. . . .

(1) L'auteur a pu confondre la liberté avec la volonté. La liberté découle de la volonté; et ce n'est que parce que l'homme a la puissance de vouloir qu'il est libre.

(2) *Essai sur les fondements de nos connaissances*, t. I, p. 275.

« C'est encore le sort de l'esprit humain de tourner
dans un cercle vicieux sitôt qu'en raisonnant il s'égare
au milieu des nuances d'idées que certains mots affectent dans le langage. M. Cournot trouve impossible de
concevoir que l'organisation précède la vie. Nous n'en
sommes pas étonné, attendu qu'il est impossible de
concevoir que le mode de structure des tissus et des
organes (l'organisation) précède le principe qui le détermine (la vie, la force vitale); mais nous ne compre-
nons pas pourquoi ce savant trouve impossible de concevoir que la vie précède l'organisation, attendu que
rien n'est plus rationnel que d'admettre qu'un *principe*
(la vie, la force vitale) *qui détermine le mode de struc-*
ture des tissus et des organes précède ce mode (l'organisation). L'erreur de M. Cournot vient de ce qu'il rai-
sonne sur l'idée de la vie en confondant l'idée de son
principe avec celle de ses manifestations, en confondant
l'idée de la vie *en puissance* avec celle de la vie *en*
action. »

« D'ailleurs, dit encore M. Cournot (p. 260), l'élé-
« ment organique le plus simple, un globule, une cel-
« lule, témoignent déjà d'un plan de structure et d'une
« coordination de parties dont on ne pourrait rendre
« raison par un concours de forces physiques agissant
« de molécule à molécule à la manière de celles que
« nous admettons pour l'explication des formes des corps
« inorganiques. »

« Si l'élément organique le plus simple témoigne
déjà d'un plan de structure et d'une coordination de
parties qui ne peuvent être expliquées par le concours
des forces physiques, n'est-ce pas une raison pour s'en

rendre compte à l'aide du fait de la vie *en puissance*, de la force vitale, qui ne répugne en rien aux lois de l'intelligence et de la raison? n'est-ce pas une preuve que la vie précède l'organisation; sinon dans le temps, au moins en puissance? »

Il resterait à connaître laquelle des forces que Dieu a mises en nous, — de la force spirituelle, ou de la force vitale ou plastique, — détermine la forme dans l'espèce. Notre confrère n'aborde pas cette question. Il admet bien le fait initial de la force qui devance le fait, de la cause qui précède l'effet; mais il se retranche dans le doute en ce qui concerne cette cause première de l'organisation.

« Ceux qui, comme nous, dit-il (p. 261), attribuent toutes les manifestations de la vie à une force essentielle et *sui generis*, ne se trouvent pas plus avancés, sans doute, et n'affichent pas la prétention de mettre en lumière le phénomène initial des mouvements intersticiels de l'organisme ni la cause essentielle de ce phénomène. Mais ils affichent celle d'en rapporter l'origine à un *vrai principe* qui découle d'un fait primitif et fondamental (la force), d'un ordre supérieur, et, à l'aide de ce *principe*, de s'approcher d'un degré de cette cause essentielle qui touche de trop près aux mystères de la création pour être clairement perçue par la raison humaine. Tous les phénomènes qui touchent à ces mystères sont également impénétrables et confondent la raison de tous ceux qui refusent à un être suprême la faculté de contenir dans la plénitude de son être incompréhensible les conditions premières d'existence de tous les êtres. Qu'on ne demande donc pas à ceux qui

5

admettent l'existence de la force vitale d'expliquer comment la vie en *puissance* s'unit DANS LE *temps* à un organisme, ni comment les rudiments des organes se coordonnent et s'associent, soit pour former un embryon, soit pour régénérer le membre amputé de l'écrevisse, soit pour donner naissance avec les mêmes éléments matériels et dans le même être, là, à de la matière cérébrale; là, à de la matière osseuse; là à de la fibre musculaire; ici à de la fibre nerveuse, etc., etc. Ce sont là des phénomènes soumis à notre observation et desquels il serait insensé de vouloir pénétrer la cause. »

Il est impossible, en effet, lorsqu'on veut remonter aux causes premières, de sonder l'univers sans rencontrer partout et dans tout les traces de cette cause suprême : Dieu.

Le fait capital, lorsqu'on étudie les phénomènes de la nature, n'est pas, comme l'a dit plus haut notre confrère, d'en pénétrer le mécanisme *intime,* mais surtout d'en connaître les causes fondamentales.

Or la question laissée en suspend par notre confrère, est celle-ci : quelle est la cause première de l'organisation; celle qui détermine la forme de l'individu dans l'espèce?

Pour la résoudre, il n'est pas nécessaire de s'enfoncer dans les ténèbres du mystère; il suffit de raisonner les faits.

Quel est le caractère fondamental des forces naturelles dans la création? — Celui d'être constamment associé à des corps.

Sans les corps, ou substances matérielles, quel serait

le rôle de l'électricité, du calorique, du magnétisme, de l'attraction, etc., — et quel serait leur objet?

Il en est de même de la force plastique ou vitale. Son existence suppose un *objet*, un *support;* et, à son tour, quel serait cet objet, le corps, sans son *substratum?*

Il suit de là que les premiers linéaments de l'organisation, — que la détermination de la forme qui est le fait primitif, spécifique et essentiel de l'être, ne peut résulter absolument et exclusivement de la force plastique ou vitale, laquelle n'est elle-même qu'une cause secondaire et procède de l'organisation primitive; — mais que ce fait imposant est sous la dépendance spéciale de la force spirituelle que Dieu a mise dans l'homme, abstraction faite d'ailleurs des lois qui président à ses opérations.

Une question non moins impénétrable que cette dernière, mais qui s'y rattache essentiellement, est celle de l'influence des forces spirituelle et plastique de la mère sur le développement du fruit de la conception.

Ainsi que je l'ai dit ailleurs, la force vitale naît de l'organisation; à elle appartient la mission de continuer les phénomènes d'organisation secondaire jusqu'à l'extinction de la vie organique.

A l'esprit appartient le rôle primitif et initial de formation ou d'organogénésie;

A la force vitale, les faits secondaires d'évolution dont la série a pour limite la destruction de l'organisme.

Il est facile de concevoir qu'il ne peut en être autrement; car, *si la mission de l'esprit comprenait à la fois la formation et l'évolution, par ce fait même le corps devrait participer de la nature de l'esprit, qui n'a pas d'évolution, et, comme lui, être immortel !* — Ce seul argument est la ruine de l'animisme.

En dehors du fait primitif de *formation*, l'action de l'esprit sur le corps est tout entière d'*influence* ou de *présence*.

Si l'esprit quittait spontanément le corps, celui-ci bientôt cesserait de fonctionner, parce que son existence n'aurait plus d'objet, et que cet objet n'est pas d'être exclusivement végétatif, mais actif.

Lorsqu'un homme meurt de maladie, la mort n'a point lieu parce que l'esprit quitte le corps qui, abstraction faite du cas de maladie, pourrait vivre encore de la vie végétative, mais parce que l'état du corps relativement à l'esprit est tel, que celui-ci ne peut plus l'habiter, le corps étant devenu pour lui un instrument impuissant et négatif.

L'action principale de l'esprit sur le corps, en dehors du fait primitif de *formation*, qu'il ne faut pas confondre avec celui d'*évolution*, est donc toute d'*influence*. — On sait le rôle immense des passions, des sentiments, des émotions de toute nature, du caractère, des tendances individuelles, non-seulement sur le mode fonctionnel des organes et le rhythme des fonctions, mais encore sur l'expression, la forme et la noblesse du visage, sur la beauté ou la laideur des formes, la grâce ou la majesté inhérente à l'individu, cette image atomique de la Divinité! — On connaît encore toute la puissance de la volonté d'un individu sur un autre; — l'influence des sentiments de la mère sur l'enfant quant à la forme, à la beauté, au caractère, aux idées et aux tendances de sa progéniture. Eh bien ! tous ces effets ne sont que des actions d'*influence* qui rentrent dans le rôle d'organogénésie ou de formation qui appartient à l'esprit.

L'esprit influe sur la force vitale pour mettre le trouble ou l'harmonie dans les fonctions des organes de l'économie entière. Mais ce n'est point lui qui est l'agent direct, le moteur qui détermine immédiatement l'action des organes et imprime le mouvement au mécanisme. Ce rôle est un fait d'évolution. Il appartient tout entier à la force vitale ou organique qui naît dans l'organisme et dispose de tout un système instrumental destiné à cet office ; mais qui périt avec le reste de l'organisme lorsque celui-ci a parcouru toutes les phases de son évolution.

La loi d'évolution est toute organique, toute animale ; — elle est le propre de l'organisme ; — elle est totalement étrangère à l'esprit qui n'a pas d'évolution dans le sens naturel du mot, puisqu'il est immortel !

La frayeur, la joie, le bonheur, une douleur immense peuvent tuer le corps, le foudroyer en un instant ; mais encore dans ces cas, heureusement rares, les ressorts de la vie organique ne sont point brisés ; le jeu n'en est que suspendu, et l'esprit, soulevé par un sentiment supérieur, s'est arraché lui-même à son enveloppe !

La volonté, ce noble et puissant attribut de l'esprit humain, peut être assez forte pour influer sur l'équilibre vital, et reculer le dernier terme de l'évolution organo-biologique. Mais elle ne peut faire que nous échappions à la destruction de l'organisme par la maladie ou l'usure des organes.

Lorsque l'esprit agit sur la matière, il le fait par l'intérmédiaire des forces de la nature. Dans l'homme, il se sert de cette force si analogue à l'électricité à laquelle on a donné le nom de force vitale ou nerveuse.

L'esprit est à la force vitale ou organique ce qu'est le mécanicien intelligent à la force dont il dispose pour imprimer le mouvement à un mécanisme. — Ce n'est pas l'ingénieur qui anime directement l'appareil moteur : il le fait par l'intermédiaire de la force dont il dispose, et cette force est produite dans l'appareil même où son action est mise en jeu. — Otez la force, et le mécanicien reste impuissant. Supprimez l'ingénieur à son tour, et, la force motrice cessant de se reproduire, le mécanisme entier retombe dans l'inertie. — Il en est de même de l'esprit et de la force vitale, dans leurs rapports avec les organes.

Ainsi donc, c'est déjà un fait imposant que reconnaître et discerner l'une de l'autre la force intellectuelle, ou esprit, de la force vitale ou moteur organique. Ce qu'il importe plus encore, c'est d'indiquer les attributs de chacune, et de bien déterminer leurs rapports et leurs fonctions.

DE LA MALADIE.

Après ces généralités sur la vie, l'organisme, etc., et sur le sens véritable qu'il faut attacher aux divers éléments qui font la base des connaissances médicales, l'auteur étudie la *maladie* dans ses rapports avec chacun de ces points fondamentaux. (P. 168.)

Nous appelons toute l'attention de nos confrères sur cette partie du travail de l'auteur, car c'est elle qui renferme toute sa doctrine sur la *maladie*.

« De même que dans la *vie*, il y a dans la *maladie* deux choses :

« La première est celle qui en fait le *fond*, qui en est le *principe*, le *phénomène initial*, le *fait primitif*, l'*essence*, et qui consiste dans l'*action dynamique qu'une force nocive exerce* ou a exercé sur la vie;

« La seconde est celle qui en fait la *forme*, qui en est la *manifestation extérieure, visible*, le *phénomène postérieur*, l'*apparence*, et consiste dans les *opérations sensibles*, ou *mouvements*, qui révèlent une action dynamique antérieure, et auxquels on a donné le nom de *symptômes*.

« Attendu que de ces deux choses les *symptômes* sont la seule qu'il soit possible à l'homme de connaître et de juger, nous sommes forcés de conclure :

« Que les *mouvements anormaux* de l'organisme représentent : 1° la somme des efforts par lesquels la vie *réagit* contre la *force* mystérieuse qui fait le *fond* de la maladie; 2° l'ensemble des *aspirations médicatrices* que la vie manifeste contre cette *force* qui tend à l'excéder; 3° la totalité des besoins qu'éprouve la vie pour neutraliser cette *force;*

« Que ces *mouvements* s'exécutent *toujours* en vertu de la *loi* qui préside à la résistance de la vie et en gouverne les conditions;

« Que ces *mouvements* ou *symptômes* indiquent toujours la *voie* que prend la vie pour neutraliser ou éliminer l'*agent dynamique* qui tend à l'excéder.

« Il est donc évident, en *principe*, que pour *guérir la maladie* il faut, en dernière analyse, *neutraliser cette force nocive, éliminer* cet *inconnu dynamique*, qui en fait le *fond*, le *principe*, le *phénomène initial*, l'essence ;

« Que pour *neutraliser cette force,* *éliminer cet inconnu* que nous ne pouvons atteindre directement, il faut *satisfaire les besoins*, se laisser diriger par les *aspirations médicatrices* de la vie, et *seconder tous les efforts* par lesquels elle manifeste sa *résistance* en *suivant la voie* qu'elle prend elle-même pour atteindre ce but.

« Donc, *en fait*, guérir la maladie c'est favoriser le développement des *symptômes, mouvements, opérations pathologiques sensibles,* qui expriment les *efforts*, les *besoins*, les *aspirations médicatrices* de la vie, et indiquent la *voie naturelle* qu'il faut prendre pour *neutraliser la force, éliminer l'inconnu* qui en est le principe et l'essence.

« Les symptômes de la maladie ne sont que des mouvements par lesquels la vie effectue sa résistance et exprime son insuffisance contre cet agent dynamique (principe morbifique).

« La guérison ne peut avoir lieu qu'en favorisant la manifestation de ces *mouvements*.

« Tel est le résumé de notre doctrine sur la vie et la maladie. » (P. 170.)

Jusques aux lignes qu'on vient de lire, nous avions trouvé dans le travail de notre confrère une suite d'idées qui se groupaient et s'enchaînaient dans un ordre logique : ici commencent les contradictions et les hypothèses.

Jusque-là, laissant de côté les définitions, notre confrère nous avait représenté l'idée que l'esprit peut concevoir de la maladie, comme celle d'un trouble apporté dans l'état d'équilibre des forces par une force étrangère; — comme une suite de perturbations survenues dans les mouvements et les actions de l'économie.

En d'autres termes, l'auteur nous avait laissé concevoir dans la maladie l'idée d'une unité renfermant à la fois la prédisposition, la cause, les changements apportés par cette dernière sur l'élément vital ou dynamique, et les perturbations d'actions, de sécrétions, d'assimilation, de sensations, de mouvements, de relations et de perceptions qui en résultent.

L'idée du conflit de la cause morbifique avec la force vitale s'alliait logiquement avec celle d'une perturbation dans l'influx de cette dernière sur les systèmes d'organes et leurs fonctions. L'idée d'une perturbation dans le mode d'influx de la force vitale sur les systèmes fonctionnels auxquels elle préside entraînait à son tour celle de troubles, de dérangements consécutifs dans les actions de ces mêmes systèmes : le tout ensemble constituait la maladie. — D'une part, l'esprit se représentait cette unité dans son phénomène initial : le conflit de la cause morbifique avec l'agent virtuel des fonctions; de l'autre, il constatait dans les symptômes les perturbations physiologiques et organiques de toute nature qui naissent de ce conflit. — La première opération de l'esprit était une abstraction, mais une abstraction fondée sur une *conception* légitime de l'entendement. La deuxième opération n'était que la *perception* par le témoignage des sens de tout ce qu'il y a de matériel, de naturel, d'organique dans la maladie.

Mais notre confrère va au delà ; et, matérialisant ce

qui, par nature, est essentiellement insaisissable à nos perceptions sensoriales, tel que le conflit de la force vitale avec la force morbifique, pour lui, les manifestations naturelles de la maladie ou symptômes, les lésions et tous les troubles nés de ce conflit, deviennent l'effort même de la force vitale contre la cause morbifique. Hypothèse! hypothèse!

Je dis que c'est une hypothèse, ou mieux une simple opinion, parce qu'elle ne s'engendre logiquement de rien. Notre confrère considère les manifestations sensibles de la maladie comme l'expression de la résistance vitale; d'autres ne voient dans les symptômes et les lésions autre chose que l'effet sensible du désordre imprimé à la force vitale et aux fonctions : de quel côté se trouve la vérité? C'est à la logique à le décider.

Telle est l'idée que notre confrère se fait de la maladie; là commence le chapitre de ses erreurs. Le système auquel il se rallie n'est autre que celui auquel on a donné le nom de système de la maladie *réaction;* il touche de près, comme on le voit, à celui de la maladie *fonction.* On verra les objections qu'il soulève.

En attendant, je demanderai à notre confrère de quelle façon il conçoit l'alliance de ces deux idées : que les symptômes et autres manifestations sensibles de la maladie soient à la fois l'expression de la maladie et celle de la vitalité en lutte contre le mal. N'est-il pas évident que, si les symptômes sont l'expression sensible de la maladie, ils ne peuvent être en même temps celle de la résistance vitale, par la raison simple qu'une seule et même chose ne peut être à la fois l'expression de deux modes ou de deux choses essentiellement dis-

tinctes et différentes entre elles, — et que la résistance
vitale n'est et ne peut être qu'une action physiologique,
saine, normale, et non l'expression d'un état pathologique? Rien absolument n'autorise à penser que les phénomènes critiques eux-mêmes, sur lesquels notre confrère a étayé son système, soient autre chose que de
simples modes de résolution variables suivant les cas
et suivant les maladies. La nature, dira-t-on, produit
des déplacements, des métastases, cela est incontestable ; mais la nature aussi guérit parfois le mal sur le
lieu même de son élection en l'absence de phénomènes
critiques appréciables.

Envisager les phénomènes qui signalent la terminaison d'une maladie comme l'*indice* d'une terminaison
favorable ou funeste, est un procédé qui résulte de
l'observation des faits. Mais interpréter ces phénomènes, y voir autre chose que le degré terminal des opérations pathologiques, et les considérer comme le mécanisme même dont se sert la nature pour arriver à la
guérison, voilà qui est faire de l'hypothèse et retourner
à l'humorisme des anciens.

Le mécanisme de l'influx vital, aussi bien que l'essence de ce principe lui-même, sont autant de mystères
impénétrables à nos sens bornés.

Dans l'étude théorique et pratique de la maladie,
nous assistons au drame, nous voyons se dérouler des
phases, des périodes, se succéder des phénomènes; l'observation nous apprend à reconnaître les *signes qui ac-
compagnent une terminaison heureuse ou fatale ;* — le
reste nous échappe entièrement.

De même, nous voyons les signes du langage être

reçus et transmis à travers les océans avec la rapidité de la pensée elle-même, sans que nos sens puissent percevoir le mécanisme intime de la translation, ni l'essence de son principe?

Où conduit le système qui consiste à envisager les phénomènes morbides sensibles comme « les efforts par lesquels la vie réagit contre la force mystérieuse qui fait le fond de la maladie? »

A deux conséquences fatales :

1° En pathologie, à la doctrine des *entités* morbides ;

2° En thérapeutique, à l'expectation.

En effet, si les troubles fonctionnels, les lésions, les symptômes ne sont pas la maladie dans son expression la plus concrète, mais l'expression de la réaction vitale contre la maladie ; — la continuité de l'effet ne pouvant résulter que de la continuité de la cause, de la persistance des symptômes et des phénomènes pathologiques, on induira nécessairement la persistance de la cause morbifique. Voilà comment notre confrère, hostile dans le fond à la doctrine des entités morbides, y retombe lui-même tout le premier.

La doctrine des entités morbides tombe devant l'expérience et le raisonnement.

Que la cause morbifique, à un moment donné, agisse à la manière des forces, c'est un fait sur lequel nous sommes tous d'accord ; mais que le principe morbifique puisse subsister au delà de son action initiale, et continuer à vivre dans l'organisme de la vie des forces libres, c'est ce que rien ne saurait justifier.

Au moment où le principe variolique développe sa

redoutable puissance, il a le pus pour véhicule, et pour foyer le malade ; mais bientôt le sujet cesse d'être malade, et le pus vaccinal introduit sous l'épiderme se décompose ; que devient alors le principe morbifique ?

La cause qui produit une contusion, une brûlure, survit-elle à l'instant de son action ?

Le froid, qui, par les perturbations qu'il détermine dans l'innervation et la circulation, devient l'occasion d'une pleurésie, d'une pneumonie, d'une amygdalite ou d'une ascite, survit-il antologiquement à l'instant qui suit son impression sur les organes ?

De toutes ces causes, évidemment, les effets seuls persistent. Aussi M. Arréat se hâte-t-il de dire que la pneumonie, la péritonite, l'ascite, la contusion et l'amygdalite ne sont pas des maladies, et ne méritent même pas l'honneur de figurer sous un nom quelconque dans les cadres nosologiques (1).

Cependant le froid, par l'importance des changements qu'il détermine dans l'individu, ne développe-t-il pas une virtualité analogue à celle de toute cause pathogénétique ?

Quoi qu'il en soit, dans les cas en question, ce n'est plus contre la cause morbifique qui a cessé d'être que lutte la force de résistance vitale, mais bien contre ses effets.

Si donc il ne reste plus de la cause que ses effets, et si ces derniers, troubles de fonctions et lésions, ne sont que l'expression même de la résistance vitale contre la maladie, que notre confrère veuille bien nous dire en quoi celle-ci consiste.

(1) Voir les pages 388, 389, 340, 341, 342, 543, 344 de son livre.

— Dans les perturbations du dynamisme ? — à merveille ! — Mais ces perturbations, variables dans l'espèce et selon ses modes, sont, dans le fond, communes à toutes les maladies, à toutes les affections, et ce n'est pas sur des troubles inappréciables aux sens que l'on peut faire reposer les bases d'une nosographie, mais sur la cause bien connue et sur les effets de cette cause.

La maladie est un tout, une *unité*. Si, dans son principe, elle consiste dans une perturbation de la dynamique vitale, les phénomènes qui naissent de cette perturbation étant liés au désordre initial comme l'effet l'est à son principe, on ne peut en bonne logique les considérer comme ne faisant pas partie intégrante de la maladie. — Si la force vitale lutte, c'est pour revenir à sa tendance congénérique, l'harmonie d'influx, de laquelle naît l'harmonie dans les actions, et par suite la cessation des désordres qui constituent la maladie dans son état sensible ou concret.

Si des maladies de cause externe nous passons à celles dont la cause ou le principe consistent, soit en un élément virtuel, soit en une disposition inhérente à l'organisme, telles que les contagions, les diathèses, les affections congénitales, celles qui naissent des principes venimeux, des miasmes, des poisons végétaux ou animaux, et de toutes les causes telluriques qui échappent à l'analyse, nous voyons que toutes ces causes ou principes, par les troubles qu'ils déterminent dans toute la dynamique vivante, agissent manifestement à la manière des *forces*.

Pour quelques-uns de ces principes, les effets morbides ou pathogénétiques persistent bien au delà du temps où l'organisme en a reçu le *contagium*. Telle est l'action du venin des arachnides, qui peut durer sept années.

Mais de la persistance, en quelque sorte indéfinie, des maladies diathésiques, congénitales ou toxiques, il ne suit point qu'on doive induire que l'influence ou le principe qui en fut l'origine ait une réalité ontologique indépendante, et de la matière qui lui a servi de véhicule, d'enveloppe, et de l'organisme lui-même. Une telle hypothèse est complétement inutile d'ailleurs pour expliquer la maladie.

Les maladies chroniques, celles qui se transmettent par hérédité, celles qu'engendrent les contagions et les infections, ne proviennent aucunement de la commixtion dans l'économie des virus contagieux ou pestilents, ni des prétendus miasmes chroniques, psoriques ou septiques, mais du simple contact du pus infectieux, de l'*impression virtuelle* des émanations léthifères sur le système générateur de toutes les virtualités de l'organisme. Que cette *impression* ait lieu une seule fois, ou qu'elle soit plusieurs fois répercutée, peu importe. Son action sur l'organisme est un phénomène absolument virtuel, catalytique ou épigénétique, lequel a pour effet, lorsqu'une certaine période de temps, dite d'incubation, s'est accomplie, de déterminer dans l'économie entière un vice radical, une *prédisposition* phénoménique spéciale, une sorte d'empreinte ou de *tache* dont l'origine remonte à l'influence perçue, et dont les effets se résolvent en une *perturbation déterminée* ou *définie* des actions de tout le système. Cette perturbation se traduit elle-même par une longue progénie de désordres, de lésions, de symptômes, dont les caractères, les modes et l'évolution affectent avec la cause de laquelle ils procèdent des rapports de causalité spéciaux et immutables.

S'il en était autrement, si les maladies septiques, les diathèses, les maladies transmissibles par contact ou hérédité, se réalisaient par essence en un principe virtuel juxtaposé au sein de l'économie, comment expliquerait-on l'action abortive du pus variolique vaccinal ou syphilitique par la vaccine et la syphilisation? — Dirait-on que le virus nouvellement introduit dans l'économie expulse celui qui déjà y était renfermé? — Ce serait le comble de l'absurdité!

Une fois le contact virulent reçu et répercuté jusqu'aux centres perceptifs et actifs du système nerveux, la matière qui lui sert de support ou d'enveloppe ne tarde pas à être décomposée, et alors que devient la force morbifique?

A leur tour, une joie excessive, le chagrin ou la peur ont-ils une réalité ontologique ou substantielle, indépendante de leur action virtuelle parfois si énergique et si prompte?

L'idée de la superposition ou commixtion du principe morbifique avec le principe vital n'explique donc rien et tombe dans le domaine des hypothèses inutiles, indémontrables et impossibles.

Considérer les phénomènes ou manifestations sensibles des maladies, les mouvements anormaux, etc., auxquels on a donné le nom de symptômes, « comme la somme des efforts par lesquels la vie réagit contre la force mystérieuse qui fait le fond de la maladie, » conduit, ai-je dit plus haut, à l'expectation.

En effet, l'idée que les phénomènes morbides ne soient autres que les efforts de la nature médicatrice, entraîne nécessairement le précepte de favoriser leur développement, et par conséquent d'entretenir ce qu'il y a de plus contingent pour le patient, lequel, en général, se préoccupe beaucoup moins de ce que la maladie renferme de caché que du mal qu'il ressent.

Dira-t-on que, de la contemplation même de ces phénomènes naît la source de nos indications, et que leur disparition n'est que l'indice du triomphe de la force vitale dans sa lutte contre la force morbifique? — Ce serait un argument négatif, parce qu'il est commun à toutes les doctrines.

Si l'on admet que les symptômes et autres phénomènes morbides ne soient que les manifestations de la nature médicatrice, et que par conséquent l'indication véritable soit de les encourager et de les exciter, n'est-il pas évident que c'est à l'intensité de ces mêmes phénomènes que l'on devra juger du véritable degré de la résistance vitale, et que ce ne sera point leur extinction, mais bien leur tension progressive qui deviendra la mesure d'une prognôse favorable?

Si les phénomènes morbides sensibles sont l'expression de la résistance vitale, à quel signe reconnaîtra-t-on que le principe vital, dans sa lutte avec le principe morbide, l'emporte sur ce dernier?

—En vertu de quelle notion physio-pathologique sera-t-il permis de conclure que la rémission de tous les symptômes et de tous les phénomènes morbides soit ou ne

soit pas l'indice de l'insuffisance de la résistance vitale?
— un signe favorable ou défavorable?

— Une plus grande tension des symptômes, un degré plus avancé de la maladie, l'évolution plus complète d'une lésion, dénoteront-ils une plus grande somme de résistance vitale? En d'autres termes, la prognôse sera-t-elle d'autant plus rassurante que l'individu sera plus malade?

Dans la syphilis, quel est l'ennemi à combattre? est-ce le virus à l'état de force libre, ou bien les perturbations dynamiques dont toutes les actions de l'organisme ont été entachées?

— Les chancres, les plaques muqueuses, les tumeurs gommeuses, les syphilides, les exostoses et tout le cortége des lésions qui caractérisent l'évolution de la maladie syphilitique, ne sont-ils autre chose que la pure expression de la force vitale en voie d'expulser le principe morbifique? et, à ce titre, la prompte extinction des altérations qui appartiennent à cette maladie devra-t-elle être considérée comme un signe fâcheux, et faudra-t-il donner un libre cours à leur développement?

— N'est-ce pas là du moins où aboutissent les arguments de l'auteur, lorsqu'il proclame cette étrange doctrine, que « toute opération pathologique est toujours bonne? » (P. 419.)

Exposer magistralement qu'il ne faut pas considérer comme un symptôme morbide le travail de cicatrisation qui s'effectue après les lésions de cause externe, n'est qu'émettre une vérité hors de discussion. — Mais les complications qui naissent de ces lésions : la fièvre de suppuration, les accidents cérébraux, le tétanos, le dé·

lire, la méningite, la diathèse purulente, sont-ils des phénomènes indicateurs de la résistance vitale?—Qu'en pense notre confrère?

Voici une inflammation des amygdales. Comme toute maladie aiguë, elle présente des phénomènes locaux, des phénomènes généraux et des troubles sympathiques. Lesquels de ces désordres, s'ils ne constituent pas les manifestations directes et immédiates de la maladie, lesquels, dis-je, nous représentent l'effort de la force vitale dans ses tendances à la résolution? — Est-ce le mouvement fébrile, le travail phlegmasique, les troubles de la sensibilité? etc.

Si la théorie de notre confrère est exacte, n'est-il pas évident que l'aggravation des symptômes, c'est-à-dire l'excès de tension des phénomènes morbides, expression, selon cette théorie, de la résistance vitale, doit être un fait constant, nécessaire et invariable? Or c'est précisément ce que les faits pratiques démentent.

A peine le malade est-il sous l'influence de la médication propre à l'amygdalite simple, que les troubles de sensibilité, la tuméfaction des amygdales, et tout l'ensemble des phénomènes généraux et locaux, bien loin de s'accroître pour favoriser le travail de résolution, ainsi que le veut la théorie, déclinent tout à coup, et que ces soi-disant efforts de la force vitale dont l'exacerbation devrait augmenter en raison directe de l'appui qui leur vient de la médication, s'évanouissent peu à peu en quelques heures. Ne serait-ce donc point le cas de se demander ce qu'est devenue la maladie pendant ce temps-là? Dans la pneumonie, quels sont les signes ou symptômes qui expriment la résistance vitale contre la maladie?

— Est-ce la fluxion inflammatoire? la toux, la douleur, l'expectoration, l'oppression ou tout autre phénomène? — Est-ce l'appareil fébrile (1)?

(1) Ici se place naturellement cette triple question :

1° *La fièvre est-elle la cause ou l'instrument de l'inflammation?*—2° *L'inflammation est-elle la cause instrumentale de la fièvre?* — 3° *La fièvre est-elle la cause instrumentale de la résolution?*

Aucune de ces trois propositions ne répond à la réalité des faits.

Le premier terme de toute phlegmasie consiste dans un mouvement désordonné de la circulation qui donne lieu, mais par degrés, à la congestion. La fièvre est le premier trouble physiologique qui résulte de ce désordre. La fièvre est très-intense déjà, que la congestion est encore à peine apparente, et que l'observateur ignore quel en sera le lieu d'élection. — L'appareil fébrile donc, en tant qu'exprimant lui-même physiologiquement les désordres de la circulation qui engendrent la congestion, nous représente en quelque sorte, au début, l'instrument, l'agent de la congestion inflammatoire. Mais il est plus exact de n'y voir que l'expression de l'état physiologique qui répond à l'état organo-pathologique, et l'accompagne dans toutes ses phases « *comme l'ombre suit le corps.* »

Tant que persiste la fluxion inflammatoire, c'est-à-dire la tendance à la continuation de ce même phénomène, l'aberration de circulation qui en est le mécanisme, d'une part ; de l'autre, le mouvement fébrile qui en forme la représentation physiologique, persistent. Mais, au moment où, sous l'empire des lois vitales d'évolution, la résolution commence, la tendance à la congestion venant à cesser, la fièvre, qui n'était que l'expression physiologique des désordres de la circulation, tombe nécessairement.

En se reportant à cette gradation des phénomènes, on voit le mouvement fébrile devançant le travail phlegmasique, puis l'accompagnant « *comme l'ombre suit le corps,* » parce qu'il exprime physiologiquement les troubles générateurs de la congestion. En ce sens donc le mouvement fébrile semble être bien plutôt l'agent de l'inflammation que celle-ci ne l'est du mouvement fébrile; ce qui répond aux deux premières propositions.

J'ajouterai, pour répondre à la troisième, que, pour que la fièvre pût être considérée comme l'agent de la résolution, il faudrait qu'on ne la vît se manifester qu'après le développement de la congestion inflammatoire, c'est-à-dire lorsque son intervention serait nécessaire au mécanisme de la guérison, ce qui est contraire aux faits, puisque, dans toute phlegmasie, c'est elle qui devance tous les autres phénomènes morbides.

Enfin, de ce que le mouvement fébrile est commun à toutes les maladies dites aiguës, il ne serait pas plus exact d'en conclure qu'elle fut l'instrument obligé de la résolution. Les arguments précédemment exposés s'opposent à une telle conclusion.

Mais l'intensité de la fièvre, bien loin d'être la condition ou le mécanisme de la résolution, affecte avec cette
dernière des rapports absolument inverses; constamment l'accroissement du mouvement fébrile répond à
un accroissement dans le travail inflammatoire, et son
déclin aux premiers indices d'une résolution. Si le travail inflammatoire menace de passer de la période d'é-
tat à celle de suppuration, la fièvre immédiatement re-
vêt d'autres caractères spéciaux à cet état.

En un mot, si les phénomènes généraux, si les premières perturbations qui naissent du trouble apporté
dans les fonctions vitales devancent et préparent la lésion, bientôt ils s'y lient par des rapports si étroits,
qu'ils en suivent exactement les phases, et que leurs
diverses transformations concordent elles-mêmes avec
les diverses périodes de la phlegmasie d'une manière
isochrone et invariable.

Pour choisir encore quelques cas de maladie, je demanderai quel signe, dans la méningite, quel désordre
physiologique pourrait être considéré comme exprimant l'effort de la force vitale soulevée contre la maladie? — Est-ce le délire? — Mais le délire peut se
montrer à titre d'épiphénomène dans une foule de maladies. Dans l'entéro-colite, la dyssenterie, le choléra,
sont-ce les évacuations?

Il suffit d'énoncer de telles propositions pour les détruire.

L'interprétation de notre confrère sur l'essence de la
réaction vitale dans les maladies tombe donc devant les
'its, et ne peut supporter l'analyse.

Les points sur lesquels portent nos divergences d'o-
pinions sont donc faciles à saisir :

Les maladies sont occasionnées soit par des causes
dont les conditions physiques échappent tellement à nos
sens grossiers, que nous les considérons comme des
forces ; — soit par des conditions météorologiques, at-
mosphériques ou physiques sensibles ; mais qui, au contact avec l'organisme, agissent encore à la manière des
forces, c'est-à-dire en déterminant d'abord dans notre
propre appareil dynamique des troubles générateurs
de désordres physiques, anatomiques, sensibles.

Mais l'auteur ne reconnaît et n'admet comme maladies que celles qui naissent d'une cause virtuelle pro-
prement dite, contagieuse ou septique. Et les autres
maladies, qu'en fait-il ? — Il nous semble qu'elles sont
bien quelque chose !

L'auteur admet que les forces morbifiques restent con-
jointes indéfiniment à l'organisme sans cesser d'être, sans
être détruites ; c'est ce qui s'appelle faire de l'ontologie.

L'auteur enfin considère les troubles physiologiques,
les symptômes, les lésions elles-mêmes (1), comme
l'expression et le mécanisme de la résistance vitale ; —
et le médicament comme l'adjuvant de la réaction, c'est-
à-dire comme une force qui agirait par addition ou superposition de puissance pathogénétique dans le sens
même du travail pathologique.

En ceci encore, divergence absolue entre lui et nous ;
nous en avons exposé en partie les motifs.

Dans tous les faits de l'ordre biogénique, l'œil con-

---

(1) « *Toute* opération pathologique, dit-il (p. 419), est *toujours* bonne. »

stale des phénomènes, et ne peut suivre ni pénétrer les actions intimes qui s'accomplissent dans l'intérieur de nos tissus. Qui pourrait donner la raison d'une équation dont tous les termes seraient inconnus? C'est pourtant ce que tente de faire M. Arréat, lorsqu'en étiologie il soutient le système du *principe morbifique à l'état libre dans l'économie*, et en pathologie celui de la *maladie réaction*.

L'hérédité dans les maladies, l'espèce d'entachement ou d'infection de l'économie entière au contact d'une cause léthifique, et les perturbations radicales par lesquelles cette cause a imprimé dans les actions vitales les traces de son passage, n'entraîne pas plus l'idée de la commixtion ou connexion à l'organisme du principe morbifique à l'état de force libre, que le contact de l'étincelle électrique ne suppose l'intromission ou l'addition d'une force électrique à l'état libre dans l'économie animale.

Les symptômes, les désordres physiologiques et organiques qui surviennent dans le cours des maladies, constituent la partie contingente et sensible qui sert de base aux indications et doit être éliminée.

La question des forces vitales, morbifiques et pathogénésiques, et de leur conflit, constitue un problème dont la solution repose sur des termes connus. Mais, dès qu'il s'agit du mode d'action de l'une d'elles sur les fonctions et les divers ressorts de l'organisme, on retombe de nouveau dans le domaine des inconnues, et la solution positive et exacte du problème demeure en suspens.

Qu'importerait la collision dans l'organisme de toutes

les forces morbides ensemble agglomérées, si cette collision, restée latente en vertu de l'impondérabilité ou de
l'intangibilité de toute force, ne devait *enfanter aucun
désordre, aucun trouble, aucun symptôme, aucune lésion?*
— Ce sont donc ces désordres de toute nature qui constituent la partie véritablement concrète de la maladie,
ce sont eux qui forment la base de l'indication, et c'est
dans leur élimination et non dans leur excitement que
gît le but réel de la médication et le salut du malade.

Pour avoir en vue l'élimination du principe morbifique, il faudrait qu'il existât ontologiquement dans l'organisme. Or nous avons démontré que cette réalité
n'est qu'une chimère, et que le seul contact, l'impression de la force morbifique avec l'organisme, suffit pour
expliquer la maladie.

Il existe une contradiction choquante entre l'idée de
la surexcitation d'un ordre phénoménal, et celle de sa
cessation par l'effet même de cette surexcitation. Autant
vaudrait dire que c'est parce que l'on attise le feu qu'il
s'éteint.

Il ne s'agit point d'effectuer l'expulsion d'un invisi-
ble ennemi, qui déjà, depuis longtemps, s'est évanoui,
mais bien de rétablir la synergie des actions vitales
troublée, pervertie à son contact et sous son influence.

Ce ne sont point les phénomènes morbides qu'il s'a-
git de tendre et d'accroître, mais bien la résistance vitale, la somme des forces de l'individu malade.

C'est sur ces points fondamentaux que portent les erreurs principales de notre confrère, lequel personnifie
sans cesse, d'une part, la cause morbifique qu'il met en

lutte permanente à l'état de force libre avec la force
vitale; de l'autre, la résistance vitale matérialisée dans
les « symptômes et opérations pathologiques. »

Mais nous sommes loin d'avoir épuisé toutes les objections que l'on peut opposer à un tel système.

Dans l'état actuel de la science, il est démontré que
la cessation d'un effet suppose ou l'anéantissement ou
la neutralisation d'une cause. Il suit de là que, si les
maladies chroniques et les maladies héréditaires résul-
taient de la présence d'une force latente dans l'économie, il serait contraire à la logique d'admettre que leur
guérison pût se faire sans l'expulsion de l'économie de
leur cause générique, et de cette expulsion devrait nécessairement résulter une cure radicale et absolue. Or
les faits sont loin de répondre à cette conséquence.

*Les maladies chroniques et héréditaires guérissent
parfois; — mais parfois aussi elles se reproduisent
lorsqu'on cesse de leur opposer les ressources de la thérapeutique.*

*L'action salutaire des médicaments, dans certaines
maladies chroniques, s'efface avec le temps, si on ne la
renouvelle.*

*L'effet de la vaccine, qui, par sa durée, peut nous don-
ner une frappante image de l'immense influence des causes virulentes sur l'économie, finit aussi par s'affaiblir
avec les années.*

*Le vice imprimé à l'organisme par l'influx morbide
demande de longues périodes, et parfois des générations
successives, pour s'affaiblir et s'éteindre.*

La théorie de notre confrère est donc en opposition

formelle avec les lois qui président à la genèse et à l'évolution des maladies.

La cause morbide ne survit pas à son contact avec l'é-conomie; car, une fois guérie par son expulsion, la maladie ne devrait plus se reproduire.

Ce qui survit à la cause morbifique, c'est le vice originel, ce sont les tendances contre nature qu'elle a enfantées, lesquelles sont susceptibles de se réveiller tant que les tendances naturelles et physiologiques n'ont pas repris leur empire.

Cette tendance vicieuse, dont les principales causes de maladies sont susceptibles de stigmatiser l'économie dans ses forces et ses actions, est donc tout à fait corrélative, — personne ne peut le récuser, — aux tendances congénériques qui appartiennent à l'ordre intell. ctuel et moral.

Le fils reçoit et conserve, dans un mode ascendant ou descendant, simple ou complexe, les tendances morbides du père. De même il réfléchit en lui, dans un ordre ascendant ou descendant, simple ou composé, les tendances morales, affectives et intellectuelles, qui étaient actives chez ses auteurs, à l'époque de sa procréation.

A la page 172, l'auteur dit : « *Si guérir la maladie c'est rétablir l'équilibre et la régularité des mouvements de l'organisme troublés par une cause nocive,* et si ce trouble, au lieu d'être un effet direct de cette cause, est un *résultat de la résistance* au moyen de laquelle la vie elle-même tend à effectuer la guérison,

« Il est évident :

« Qu'un médicament quelconque ne pourra devenir remède qu'autant qu'il secondera les efforts, favorisera les aspirations médicatrices, et satisfera les besoins de la vie en exerçant par sa force active, sur le principe vital en train de manifester sa résistance contre une force nocive, une action qui soit de nature à obliger ce principe à résister avec plus d'énergie, et *à manifester des mouvements analogues à ceux par lesquels il est en train d'exprimer sa résistance.* »

Ainsi, l'auteur nous dit d'un côté : « Guérir la maladie, c'est rétablir l'équilibre et la régularité des mouvements ;..... » de l'autre : « Le défaut d'équilibre et de régularité dans les mouvements qu'il s'agit de guérir n'est autre, dans le fond, que l'effort même de la force vitale dans sa lutte contre la maladie. »

Il n'est personne qui ne saisisse immédiatement la contradiction flagrante qui existe entre ces deux idées confondues en une seule, — de désordres qu'il s'agit de réprimer pour guérir, — et d'efforts de résistance vitale qu'il faut seconder, dans le même but !

1° « Si guérir la maladie, c'est rétablir l'équilibre et la régularité des mouvements troublés, » guérir la maladie ne peut consister à maintenir ces mêmes mouvements dans leur état de trouble et d'irrégularité en favorisant cet état lui-même selon le précepte de l'auteur !

2° Mais, si les vices de mouvements et d'opérations ne sont que l'expression même des efforts salutaires de l'organisme, il ne faut plus les considérer comme des perturbations et des troubles de mouvements, mais bien comme des opérations salutaires qui doivent être secondées.

En un mot : *La logique ne permet pas de considérer un fait identique sous deux faces diamétralement oppo-*

sées : ici, comme des désordres à réprimer ; là, comme
des efforts salutaires dont il faut favoriser le cours.

L'idée qui fait considérer les symptômes et phénomènes morbides comme l'expression matérielle, sensible,
de la réaction vitale, entraîne celle de comprendre l'*ag-*
gravation, c'est-à-dire l'excès de tension de cette réaction, comme un phénomène nécessaire et constant ;
celle de ne voir dans la médication qu'un moyen d'obtenir cette tension, celle enfin d'interpréter l'action médicinale comme une action directe et immédiate ; —
autant d'erreurs.

Nous l'avons vu déjà, l'excès de tension des symptômes, ou aggravation, est loin d'être un fait constant,
puisque la transition de la période d'augment d'une
maladie à celle de déclin s'effectue très-souvent sans
transition, sans phénomène critique ; — de plus, la
somme de force que déploie la vitalité contre la maladie n'a pas pour mesure l'intensité de l'action médicinale, puisque l'expérience de chaque jour nous démontre que cette réaction vitale est d'autant plus
prompte et franche, que l'action médicinale a été plus
douce, et *vice versa*. — Enfin, l'idée de ne voir dans
l'action médicamenteuse qu'une action directe, une in-
terposition ou addition de force, est encore inexacte
et contraire à l'expérience qui nous démontre dans
l'action pathogénésique deux ou plusieurs périodes
nettement distinctes, dans lesquelles on remarque
une succession de phénomènes inverses, ou opposés.

Déjà, du temps d'Hippocrate, on admettait en principe que ce n'est pas le médicament qui guérit, mais la
nature, et que celui-là n'est que l'occasion de la réac-

tion. On est donc en contradiction avec ce principe,
lorsqu'on attribue la réaction vitale à l'action directe
du médicament.

Si l'ensemble des symptômes « et opérations pathologiques » n'était que l'expression de la réaction vitale,
le fait de l'aggravation, ou de l'excès de tension de ces
mêmes symptômes, non-seulement ne devrait jamais
être que favorable et utile, mais même constituer la
condition essentielle de toute guérison, ce qui est dou-
blement contraire aux faits.

Le mode intime d'action du médicament sur le système dynamique de l'économie rentre dans les faits
que la raison conçoit, mais que les sens ne peuvent percevoir. La première opération qui s'élabore dans l'esprit est celle de la perception du fait lui-même. — En
effet, c'est par l'observation que nous savons que la condition essentielle de la guérison depend de l'analogie des
effets de l'agent thérapeutique sur l'organisme, avec les
effets sensibles de la maladie. C'est à l'observation que
nous devons la connaissance des rapports physiques ou
contingents qui constituent ce fait. Quant à sa raison
intime ou biogénésique, elle échappe à nos sens et à
notre intelligence. Toutefois on constate que ce fait
concorde avec la loi universelle de réaction, suivant laquelle toute *action* entraîne après elle une *réaction*, c'est-
à-dire une série phénomenale d'un ordre inverse à celle
de l'action. — Une multitude de faits concourent de
même à révéler dans la force vitale cette tendance manifeste à déterminer des phénomènes inverses ou opposés à ceux qu'on sollicite d'elle, ou à développer successivement une série phénoménale composée de deux

ou trois ordres de phénomènes successifs, différents ou opposés.

En thérapeutique, l'art véritable consiste à tirer parti de cette tendance au profit d'une terminaison favorable de la série des phénomènes morbides.

On conçoit facilement, d'après cet exposé, que le médicament n'est pas l'agent direct et immédiat de la guérison, mais son instrument indirect et occasionnel, et que c'est par son influence que les forces vitales, mieux dirigées, achèvent ce travail en vertu de leur pouvoir propre.

L'esprit de l'homme, par suite de sa consociation à la matière, vivant sans cesse sous l'empire de la préoccupation des faits physiques, éprouve le besoin de se rendre compte de toutes choses d'une manière tangible. C'est pour cela qu'il n'a pas été donné jusqu'à ce jour de concevoir la force vitale autrement que sous la forme d'une énergie susceptible de se plier, comme toutes les énergies physiques, aux seules évaluations quantitatives en plus ou en moins. L'idée de sa résistance, dans les maladies, était ainsi rendue concrète et palpable.

Mais, quand on cherche à approfondir cette grave question, on ne tarde pas à reconnaître que, si la force vitale, qui emprunte à l'organisme lui-même les éléments de sa régénération et de son entretien, tire de cette régénération elle-même la somme d'énergie qui lui est nécessaire pour entretenir le jeu des organes jusqu'à la fin de leur évolution, on reconnaît, dis-je, que son action propre dans l'état de maladie ne réside pas seulement dans une certaine somme d'énergie, mais *surtout dans des modes particuliers*

d'opérations et d'élaborations, suivant l'espèce de ma-
ladie.

De l'ensemble des faits biologiques, pathologiques et
pathogénésiques, déduire l'existence de la force vitale
et des forces léthifiques de divers ordres ;

— Constater que ces diverses forces agissent sur l'é-
conomie dans un mode virtuel, dynamique, et non purement physique ou chimique ;

— Observer ensuite que, dans les maladies, la nature, pour me servir de l'expression usitée par Hippro-
cate, guérit elle-même, et que les médicaments lui
viennent en aide quand ils sont appliqués par similitude ou homogénésie d'action, consiste à reconnaître
un certain nombre de faits élémentaires qui se lient et
s'enchaînent nécessairement. En procédant ainsi, l'esprit, sans se perdre dans le vague des théories imagi-
naires sur les mystères impalpables de la vie, trouve
dans les faits connus eux-mêmes la lumière dont il a
besoin pour se conduire dans le dédale de la thérapeutique.

Mais, lorsqu'on nous représente la force vitale étrei-
gnant la maladie corps à corps, et déployant l'arsenal
de ses efforts personnifiés dans les symptômes et les désordres mêmes qu'il s'agit de faire cesser, on ne commet
pas seulement une contradiction, mais on matérialise
tout ce qu'il y a de plus immatériel et de plus impal-
pable dans les fonctions de la vie. — Un pas de plus en
arrière, et on retournerait au laboratoire des anciens, à
la pituite, à l'atrabile, à la matière peccante, et à toutes
les humeurs morbifiques dont l'expulsion était pour
eux la condition indispensable de toute guérison.

Dans ce conflit des forces avec la maladie, nous ne voyons, je le répète, que les effets, et non les actions virtuelles qui ne sont pas du domaine des sens.

En somme, tout le livre de notre confrère repose sur l'idée de la *maladie réaction*, et du médicament adjuvant direct de la maladie, puisque, suivant lui. maladie et réaction ne sont qu'une même chose. (Voir p. 294, 295 et *passim*,)

Nous ne pouvons suivre l'auteur dans tous ses développements. Il importe néanmoins, dans l'intérêt de la vérité, de l'argumenter sommairement sur les principaux points de vue sous lesquels il a envisagé la question.

Ainsi, à la page 277, l'auteur soutient, d'après Sydenham, que, « la maladie n'est qu'un *effort* de la nature tendant à se débarrasser de quelque chose qui lui nuit. » — La conclusion de cette manière de voir est celle-ci :

Que le mouvement fébrile, les troubles de la sensibilité et du mouvement, les congestions, les inflammations, les ulcérations, les suppurations, les lésions de toute nature, les tumeurs, les engorgements ganglionnaires, etc., ne sont que des efforts de la nature tendant à remédier à..... A quoi ? — A la présence du principe morbifique? mais, si le contact du principe morbifique, si l'influence d'une cause léthifique quelconque ne devait engendrer aucun désordre, à quoi faudrait-il porter remède?

Les désordres que je viens d'énumérer sont donc autre chose que des efforts de la nature contre un mal imaginaire.

Pour mieux faire ressortir les contradictions dans lesquelles tombe l'auteur, je citerai plusieurs paragraphes des pages 415, 416 et 417, dans lesquelles on voit se heurter les idées les plus opposées.

« La maladie, considérée dans son principe, réside dans l'action intime, cachée, mystérieuse qu'une force nocive a exercée ou exerce sur le dynamisme vital. *Cette force nocive est le mal absolu qu'il est toujours fâcheux pour un homme sain de contracter* (1).

« La maladie, considérée dans ses manifestations, est l'*ensemble* des signes, symptômes ou expressions pathologiques qui mettent en évidence un état anormal chez le sujet, et traduisent l'existence du mal absolu contracté par l'homme sain. » (P. 415.)

« L'*ensemble* des phénomènes pathologiques qui manifestent la maladie est le signe des efforts que fait la vie pour vaincre une résistance qu'elle éprouve à maintenir l'état normal des mouvements qu'elle imprime à l'organisme.

« L'*ensemble* des manifestations pathologiques qui mettent en évidence un état anormal quelconque est toujours l'expression rigoureuse et la mesure exacte de la résistance que la vie oppose à une cause nocive qui l'a désaccordée et tend à l'excéder. »

Ainsi, d'après le deuxième de ces quatre paragraphes, « la maladie, considérée dans ses manifestations, est l'ensemble des signes, symptômes, etc.; » — et, suivant les deux derniers, « l'ensemble des manifestations pathologiques, » c'est-à-dire, des signes et des symptô-

_____

(1) Barret, *Des besoins morbides du système vivant*, p. 6.

mes, est l'expression rigoureuse de la résistance vitale.
Or il est en mathématique un axiome ainsi formulé :
« Deux choses qui sont égales à une troisième sont
égales entre elles. » Or, si ces diverses choses, symptômes et signes, sont égales à la maladie, égales à la résistance vitale; n'en suit-il pas que symptômes et signes, — maladie, — et résistance vitale ne sont, pour
l'auteur, qu'une seule et même chose ?

Ces contradictions ne sont qu'apparentes, car le
fond de la pensée de l'auteur est bien toujours de ma-
térialiser la résistance vitale, et de considérer les
troubles pathologiques comme l'expression même de
cette résistance ; — absolument comme dans le pugilat
ou la lutte, les membres rompus, les meubles brisés,
les poids soulevés ou entraînés, mesurent l'énergie des
muscles, la force des athlètes !

La maladie ne peut être exclusivement une cause ou
un effet; elle est la collection de ces deux choses.

Que la cause affecte parfois les caractères d'une force,
c'est ce que l'observation justifie. Mais il est inexact
d'admettre qu'une cause morbifique puisse vivre à l'é-
tat libre dans l'économie : nous avons déjà insisté sur
ce point. La cause morbifique ne survit à son intromission dans l'organisme que lorsqu'elle a pour véhicule
une forme substantielle, dont l'élimination ou la décom-
position ne peut s'opérer qu'après un certain temps.
*La rapidité avec laquelle a lieu cette élimination pour
quelques substances prouve, par un argument sans réplique, que leur présence dans l'organisme n'est pas nécessaire pour expliquer la continuité de leurs effets.* La
longue durée des effets pathogénésiques de quelques-

unes de ces substances vient à l'appui de l'opinion qui fait considérer la production des maladies et des affections pathogénésiques comme le résultat d'une sorte de contagion qui, dans un temps déterminé, imprime à la force vitale des tendances à la progénie de séries phénoménales spéciales et différentes de celles qui caractérisent l'état desanté.

Si donc la maladie consiste principalement dans une viciation particulière du *modus agendi* de la force vitale, ayant pour résultat de déterminer des perturbations dans la constitution des organes et dans les actions de l'économie ; l'expression de sa résistance contre cet état anormal ne saurait consister dans un excès de cet état lui-même, de ce désordre.

Mais, suivant notre confrère, la maladie, c'est la présence dans l'organisme d'une force ennemie ; et les désordres pathologiques, l'expression de la lutte de la force vitale contre cette force morbifique. D'où suit que, suivant lui : « *Toute opération pathologique par laquelle la maladie se manifeste est toujours bonne, quels que puissent en être les résultats.*

« *Toute opération pathologique est toujours bonne, et,* s'il arrive que dans certains cas elle semble avoir été ou devoir être funeste au sujet, c'est que la vie demeure impuissante pour, à l'aide de cette opération, développer et compléter d'une manière efficace sa résistance contre la virtualité morbide.

« Une opération pathologique ne peut jamais être mauvaise, parce qu'étant toujours l'expression d'une réaction contre la virtualité morbide, etc. . . . . . .

« *Une opération pathologique ne peut jamais être*

mauvaise, alors même qu'elle paraît devoir être immé-
diatement funeste au sujet, attendu que ce qui est ou
peut être immédiatement funeste au sujet, ce n'est pas
l'opération pathologique par laquelle la vie manifeste
sa résistance contre une cause nocive qui tend à l'excéder ; mais la violence de cette cause, qui seule est le
mal absolu. Donc il est rigoureusement exact de dire
que le médecin doit se garder de la réprimer dans tous
les cas, et doit se conformer à l'adage : *Quo natura*
vergit eo ducendum. »

Quo natura vergit eo ducendum ! Alors un ulcère,
une tumeur, un érysipèle, un accès pernicieux, une
inflammation à la période de suppuration, sont des opérations avantageuses pour la cure de la maladie !

Et si, à la suite d'hémorragies répétées, à la suite
de ces abondantes suppurations, qui sont le résultat des
vastes brûlures, ou de celles qui appartiennent à la va-
riole confluente, le malade vient à succomber, ce n'est
pas l'énorme spoliation subie par l'organisme qu'il faut
accuser de la perte du malade ; mais, d'après la théorie,
son insuffisance même !

Je n'insisterai pas davantage sur ce point de doctrine où les contradictions surgissent à chaque page. Je
résume les déductions pratiques qui en découlent.

Ces conséquences, les voici :

C'est que les opérations pathologiques par lesquelles
la maladie se révèle à nos sens étant l'expression, non
de la maladie, mais de la résistance vitale contre la maladie, la thérapeutique doit avoir pour but, non de les
combattre, mais de les seconder, « parce qu'elles ex-

priment les besoins de la vie, les exigences de la maladie. » (P. 320 *et passim.*)

Or comment satisfait-on aux besoins de la vie, aux exigences de la maladie?

Par l'administration des remèdes analogues ou semblables, dont la tendance, suivant notre confrère, est d'accroître virtuellement les efforts salutaires de l'organisme réalisés dans les troubles organiques et fonctionnels, « dans les opérations pathologiques? »

Conséquences de ce système : Plus les efforts salutaires de l'organisme, c'est-à-dire les symptômes et les « opérations pathologiques, » auront acquis de tension et de violence, plus graves seront les symptômes du choléra, de la fièvre typhoïde ou de la méningite, plus forte aussi sera la réaction médicatrice, plus excellente sera la situation du sujet ! *Quo natura vergit eo ducendum !*

L'idée de la *maladie réaction* est donc la pensée dominante de tout le livre de M. Arréat ; tout repose sur cette idée que notre confrère a poussée, on peut le dire, jusqu'à ses dernières conséquences, jusqu'à ce point d'admettre *qu'il existe des maladies qu'il serait dangereux de guérir !*

Par une suite de raisonnements dans lesquels l'espace ne nous permet pas de le suivre (p. 373, 374, etc.), l'auteur établit avec raison qu'à un certain point de vue physiologique il n'existe pas de maladies absolument locales. En cette idée gît l'une des plus puissantes objections que l'homœopathie oppose aux écoles, et c'est à elle que revient le mérite de l'avoir particulièrement mise en relief.

DE LA CLASSIFICATION.

L'auteur paraît ne pas s'être fait une juste idée des caractères de l'*espèce morbide* lorsqu'il objecte ceci : « Les inventeurs de la plupart des systèmes auxquels est subordonnée la science de la maladie n'ont vu dans les faits pathologiques que la *forme* qu'ils affectent, ont décrit ces formes avec plus ou moins d'exactitude, et leur ont donné des *noms*, c'est-à-dire en ont fait des *entités*, des êtres de raison. Ils ont pris une à une, et par groupe, les manifestations sensibles de la maladie, les ont érigées en espèces morbides, comme si ces manifestations prises une à une ou par groupes cessaient d'être de purs phénomènes pour devenir des êtres à part, des êtres réels, ayant en soi leur principe intelligible, leur raison suffisante, ce par quoi ils sont, ce par quoi ils diffèrent entre eux et de toute autre chose, et pouvant recevoir un *nom*. Ils ont étudié leur mode de développement, et les ont rangées en classes, en genres, en espèces, comme on l'a fait en histoire naturelle pour les animaux, les végétaux et les minéraux, et comme si elles avaient une individualité déterminée. Enfin ils sont arrivés jusqu'à faire leur demeure, leur siége, sans se douter qu'ils n'avaient généralement rien conçu, si ce n'est des êtres sans réalité, des corps sans âme, des formes sans fond, des entités conventionnelles, de véritables fantasmagories. C'est ce dont nous espérons pouvoir administrer les preuves, après avoir établi la distinction fondamentale qui existe entre la maladie, considérée en soi et dans son principe, et les maladies que la nature offre à notre observation. » (P. 337, 338.)

J'accorde à l'auteur que les nosographes aient pu errer quant au mode ou à la *forme* de la classification, ce qui est peu important d'ailleurs ; mais le *fond* même de l'idée, le principe de la classification, ne peut être une erreur. Les maladies, comme tous les faits de la nature, appartiennent à un ordre naturel, et, à ce titre, peuvent se prêter à une classification.

Classer les maladies d'après la collection de leurs caractères, les analogies et les différences fondamentales ou spéciales qu'elles affectent, est suivre l'ordre même de la nature, et, par conséquent, n'a rien en soi de chimérique, rien qui justifie l'éternelle objection de *créer des entités morbides*.

Classer les maladies, comme le fait l'auteur, d'après l'idée de la commixtion ou persistance des germes ou principes morbifiques à l'état de forces libres dans l'intérieur de l'économie, voilà tout au contraire ce qui est faire de l'hypothèse, et de cette *ontologie* que Broussais avait justement flagellée.

Affirmer que les maladies dans lesquelles on ne reconnaît pas pour point de départ primitif un principe contagieux ou septique, telles que la gale, la syphilis, la peste, le typhus, le choléra, « ne sont que des créations artificielles sans caractères, qui ne peuvent être ni *nommées*, ni *classées*, ni *comparées*, ni *observées* » (p. 342, 343, 344), implique une erreur fondamentale dans le mode d'observation.

L'auteur, du reste, ne paraît pas avoir définitivement assis son jugement sur cette question. Le paragraphe suivant, où il retire aux maladies qui viennent d'être nommées le titre d'*espèces morbides* qu'il leur avait d'abord reconnu, en est la preuve :

« Le mélange de symptômes qui se présente à l'observation dans les maladies naturelles est ce qui constitue la maladie du sujet, et ce qui prouve que les *espèces morbides des auteurs n'existent pas*, et ne peuvent avoir qu'une valeur conventionnelle, *alors même que leur distinction repose, comme la syphilis, la gale, la peste, le choléra, etc., sur un principe* intelligible qui les fait être, ou qu'elle n'est fondée que sur l'intelligence d'un symptôme auquel on les rapporte. » (P. 351.)

Comme tous les faits de la création, les maladies nous apparaissent revêtues d'un certain nombre de caractères. C'est d'après ce que ces caractères ont de commun ou de différentiel, de général ou de particulier, qu'on les distingue entre elles. Or, dès que des objets peuvent être distingués, par là même ils peuvent être différenciés et classés. C'est une notion du sens commun. S'il fallait nommer les maladies d'après ce qu'elles ont de plus intime et de caché, il faudrait renoncer à les décrire et à les présenter sous un ordre quelconque.

Il est donc inutile de discuter plus au long des opinions contradictoires sur lesquelles l'auteur lui-même n'est pas fixé.

Mais notre confrère va plus loin : exagérant la pensée de Hahnemann, il affirme que toutes les maladies sont individuelles dans le sens absolu du mot, et « qu'il est impossible à l'observateur le plus attentif d'y découvrir autre chose qu'un état morbide individuel qui ne se rattache à aucun type. » (P. 348, 351.) Voilà encore une erreur cent fois réfutée.

Il est essentiellement conforme à la vérité d'affirmer que toute maladie, de même que toutes choses dans la nature, affectent dans l'individu des caractères particuliers absolument individuels, et qui servent à les distinguer entre elles comme les individus eux-mêmes se distinguent. Mais il n'est pas moins exact de reconnaître qu'il existe au fond de chaque cas de maladie, de même que dans chaque individu, des caractères plus généraux qui sont communs à plusieurs, et en vertu desquels ils sont susceptibles de se ranger collectivement en ordres, classes, genres, c'est-à-dire en groupes divers, et diversement nommés. Or ces divers caractères, généraux ou particuliers, communs ou différentiels, ne peuvent échapper à l'observateur indépendant et attentif.

Baser la thérapeutique sur les seuls signes individuels, et négliger les phénomènes d'un ordre supérieur ou génériques, est s'exposer à de graves mécomptes. Comment discerner ce qui est individuel de ce qui est commun, si déjà l'on n'a distingué les caractères génériques et typiques? Le particulier ne peut se déduire que du général, et non le général du particulier. Ce qui veut dire que, pour déterminer un nouvel individu, il faut d'abord connaître l'ensemble, le tout. Or on ne peut connaître l'ensemble, le tout, sans déterminer ce qui est commun à plusieurs individualités. Les signes communs à leur tour servent, par exclusion, à faire reconnaître les signes individuels.

Lors donc que notre confrère, prétendant s'attacher

aux seuls caractères individuels, affirme qu'il n'est pas possible de s'élever au delà de l'individuel, et que tout cas de maladie est une maladie nouvelle, son affirmation elle-même implique la notion de caractères nettement précisés et définis, ce qui s'applique essentiellement aux principes de la classification, que cependant il repousse de toutes ses forces.

Je suis loin do donner mon assentiment aux nosographies qui ont cours dans la science, s'il én reste encore quelques traces ; mais je repousse, en principe, l'idée que l'état actuel de la science ne puisse se prêter à une classification sinon complète, du moins régulière et utile.

Si l'on avait attendu pour classer les végétaux que le principe de leur formation fût reconnu et déterminé, il est évident que la botanique serait encore dans l'enfance ; car quelle intelligence assez vaste eût jamais pu les contenir et les distinguer d'après l'idée unique et exclusive de leurs caractères individuels!

Mais l'auteur n'avait pas dit toute sa pensée sur l'individualisation absolue dans les maladies :

« Avouer, en se plaçant à ce point de vue, que toutes les maladies sont individuelles, c'est avouer,— dit-il,— qu'on ne comprend pas ce qu'est *en soi* la maladie. Et cependant, pour peu qu'on soit pathologiste, comment affirmer que toutes les maladies sont individuelles quand on voit les ressemblances qu'affectent celles que l'observation rapporte à des virus essentiels aigus ou chroniques? quand on voit le même remède spécifique guérir, on peut presque dire toujours certaines maladies, quelles que puissent être les circonstances accidentelles et perturbatrices qui en modifient les expressions symptomatiques ?

« Quand on affirme que les maladies sont individuelles, on prouve qu'on ne les juge que d'après ce qui en fait la forme, et non d'après ce qui en est le principe intelligible ; on prouve qu'on ne les comprend pas, et qu'on ne fixe son attention que sur ce qui les individualise, et non sur ce qui peut les spécifier. » (P. 383.)

L'opinion renfermée dans ces deux paragraphes ne ressemble ni à celle qui la précède ni à celle qui la suit :

« Tous les états morbides que la nature offre à notre observation sont individuels et reconnaissent pour cause un principe. » (P. 413.)

DU MÉDICAMENT.

Dans cette partie de son travail, notre confrère emprunte au docteur Dufresne des considérations ingénieuses sur l'action des médicaments atténués.

Je cite textuellement :

« La préparation des médicaments homœopathiques ne consiste pas dans leur *division mécanique*, dans leur *atténuation*, comme le croient généralement les personnes étrangères à la médecine et les médecins qui refusent de s'éclairer par la lecture des livres qui renferment la doctrine et les développements de la doctrine de Hahnemann. La préparation de ces médicaments consiste uniquement dans l'*exaltation*, dans le *développement* de la propriété virtuelle, de la force active qui leur est propre, dans leur *dynamisa-tion*, en un mot : « Dans cette opération, a dit P. Du-« fresne, le médecin doit porter l'abstraction jusqu'à « perdre l'idée de la matière. Il ne possède à la fin « qu'une force tout à fait analogue à celle de l'aimant, « qui est entièrement indépendante du fer sur lequel « elle est fixée. »

« Le médecin, dit-il, qui veut dynamiser une sub-« stance, la divise, par exemple, en met une petite « quantité, un grain dans un mortier, y ajoute cent « grains de sucre de lait, et frotte le tout pendant une « ou plusieurs heures.

« Le physicien place son barreau dans l'axe du ma-« gnétisme terrestre et dans une inclinaison donnée, « puis il le frappe sur la pointe avec un marteau, et ré-« pète les coups jusqu'à ce que la force latente dans le « fer soit développée.

« Le médecin réitère ses triturations en mettant un « grain de celle qui a été la dernière faite avec du nou-« veau sucre de lait, jusqu'à ce que la force latente de « la silice soit développée dans la masse.

« Le physicien prend son barreau qui est devenu un « aimant, et, par le frottement, il en aimante un se-« cond, un troisième, un millième... un nombre indé-« défini, et chacun de ces aimants peut en faire d'au-« tres.

« Le médecin prend un grain de la troisième ou « quatrième trituration ou dynamisation avec le sucre « de lait, le fait dissoudre dans une centaine de gout-« tes d'alcool aqueux, et cet alcool reçoit, au moyen « d'un certain nombre de secousses, toute la force dé-

« veloppée de la silice et communiquée au sucre de
« lait. Une goutte de cet alcool, portée dans cent gouttes
« d'alcool pur, en fait un nouveau liquide médicamen-
« teux possédant la même force que le premier.

« Certes, s'il n'y a pas là identité de procédé, il y a
« au moins une bien grande similitude. Mais poursui-
« vons :

« La force développée dans le barreau y reste fixée
« et s'y conserve tant que celui-ci conserve sa forme
« métallique.

« La force développée de la silice reste fixée sur le
« sucre de lait et s'y conserve tant que celui-ci n'est pas
« altéré.

« Des expériences nombreuses et variées, faites par
« des hommes éclairés et compétents, ont constaté l'ac-
« tion de ces deux forces sur l'économie animale, et
« nul expérimentateur ne saurait méconnaître que l'a-
« nalogie qui existe entre ces deux actions est au moins
« aussi grande que celle du mode de développement des
« forces qui le produisent. Nul surtout ne s'est avisé
« ni ne s'avisera d'attribuer celle du magnétisme à la
« présence, à l'absorption de quelques molécules ato-
« mistiques.

« Étant ainsi données deux forces analogues dans
« leur mode de développement, de transmission, de
« propagation, de conservation et d'action sur l'écono-
« mie animale, n'est-il pas logique d'appliquer à l'une
« tous les raisonnements qui seuls peuvent rendre à
« notre intelligence, d'une manière plausible, les effets
« de l'autre?

« Ne faut-il pas toute la force des habitudes anciennes

« et toute celle des préjugés pour nous porter à faire,
« de gaieté de cœur, violence à notre raison, au point
« d'attribuer aux atomes que donnerait la décillion-
« nième partie d'un grain de silice une action dont
« n'est point capable ce grain entier, pour nous
« porter à soutenir que moins est supérieur à plus?

« La réponse ne saurait être négative. Cependant
« c'est contrairement à cette réponse que nous raison-
« nons, lorsque nous supposons qu'un médicament
« agit par la présence matérielle de ses molécules por-
« tées dans nos organes.

« Ceci renverse du coup l'échafaudage physiologique
« élevé sur la théorie de l'absorption, de même que
« toutes les doctrines qui font résulter le symptôme de
« l'action du miasme ou agent pathogénétique porté
« aux organes (il n'y a rien d'absorbable, rien de trans-
« portable là où il n'y a rien de matériel), et nous
« conduit directement à la pierre angulaire de l'homœo-
« pathie, au point qui la distingue de toutes les écoles
« qui l'ont précédée, la manière dont elle s'explique,
« le mode d'action des agents pathogénétiques, et com-
« ment sont produits les phénomènes qui résultent du
« développement de leur action, les symptômes. »
(P. Dufresne. Quelques mots sur la philosophie de l'homœopathie. *Bibl. homœop.*, t. V, p. 22.)

. . . .

. . . .

« En triturant une substance médicamenteuse, et en
« la réduisant à ses plus petites molécules, on met à
« nu une puissance, un *contagium* qui y était caché,
« enfermé, et on lui donne la faculté de se communi-

« quer à une substance totalement inerte mise en con-
« tact et triturée avec lui; de telle sorte que, quand on
« a broyé exactement, pendant une heure ou plus, un
« grain de cette poussière avec cent grains de sucre de
« lait, on a formé une masse homogène, jouissant
« dans son entier et dans ses plus petites particules
« de la puissance du contagium développé par la tri-
« turation.

« Si, après cette première opération, on prend un
« grain de cette masse, on a le *contagium* de la sub-
« stance dans son entier, tout aussi exactement qu'on
« obtient celui de la sérosité vaccinale dans son inté-
« grité en prenant une goutte de l'eau dans laquelle on
« aurait délayé un atome de cette sérosité séchée entre
« deux plaques de verre; et, de même qu'on peut em-
« poisonner la constitution d'un enfant avec cette frac-
« tion de goutte qui porte le contagium aussi entier
« que la totalité d'une pustule, de même on peut em-
« poisonner une nouvelle dose de sucre de lait sem-
« blable à la première, en répétant l'opération qui met-
« tra le *contagium* en contact avec toutes les molécules
« de la nouvelle masse.

« La même opération peut être répétée dix, vingt et
« trente fois, et l'expérience a montré que la puissance
« pathogénétique ne se perd point, qu'on peut la faire
« valoir, lorsqu'il y a opportunité, avec autant de suc-
« cès et plus de facilité que lorsqu'elle était latente
« dans la substance brute. Son action, toujours une,
« analogue, mais non identique à celle des grandes
« doses, est douce, régulière, applicable à tous les âges
« et aux conditions diverses que peut présenter l'espèce

« humaine; les mutations organiques qu'elle produit
« sont suffisantes pour qu'il y ait médication, et elles
« ne dépassent pas les bornes voulues pour cela. Celle
« des grandes doses, brusque et perturbatrice, est une
« action de poison; elle est toujours très-fatigante,
« souvent nuisible, quelquefois dangereuse ou mor-
« telle. » (Dufresne, *Bibliothèque de Genève*.)

Après avoir rappelé ces considérations vraiment fort
ingénieuses de Dufresne, sur la propagation et le développement de la puissance médicinale à travers l'échelle
des atténuations, l'auteur, à son tour, nous donne sa
théorie du mode intime d'action des médicaments sur
l'organisme dans les maladies.

« Toute action médicamenteuse, dit-il, est une *stimulation*, une *incitation* portée sur le dynamisme vital et
susceptible de solliciter une réaction plus ou moins
énergique. » (§ 457.)

« Si la stimulation portée par le médicament sur le
dynamisme vital sollicite toujours de celui-ci une réaction plus ou moins énergique, il est certain que le
médicament, qui remplit à l'égard d'un état morbide
quelconque toutes les conditions de similitude ou d'a-
nalogie avec les symptômes qui le manifestent, devra
exprimer son action par une aggravation des phénomènes propres à cet état morbide. » (§ 458).

Il suit de cet exposé, que l'auteur reconnaît d'abord
au médicament le pouvoir d'éveiller la réaction médicatrice.

Mais qu'est-ce pour lui que cette réaction ?— « Les
symptômes et opérations pathologiques, » comme on
l'a vu plus haut. D'où suit que, suivant l'auteur, le

but et le pouvoir du médicament consistent à développer dans les maladies ce que chaque médecin se propose de faire cesser.

Alors on est en droit de demander de nouveau à notre confrère : si c'est de la tension même, ou de l'excès du développement des symptômes et autres phénomènes morbides sensibles que doit sortir la guérison, à quel signe mesurer si cette tension est süffisante; — si elle n'excède pas les besoins de la nature; — et comment en graduer l'énergie, pour éviter qu'elle devienne fatale au patient ?

Si le médicament jouit par son action primaire ou directe de la faculté de porter la dépression et le trouble dans les forces et les fonctions de l'organisme, comment concevoir que la guérison puisse résulter d'un excès de cet état ? En vertu de quelle loi expliquer que la dépression et le trouble actuel des forces soit une manifestation directe de la réaction vitale ? que l'indication réelle et fondamentale puisse reposer sur une augmentation de cet état pathologique, et que la dépression des forces puisse devenir, en dehors de la loi de réaction, la condition essentielle de leur résurrection à l'état normal ?

Comprise de cette façon, l'action curative du médicament ne consiste plus à solliciter un état de l'énergie vitale tendant à faire succéder à la série phénoménale liée à la maladie une autre série phénoménale correspondante à l'ordre normal des fonctions, mais qu'elle résulte de son action primitive ou directe, et consiste dans une addition ou superposition de son énergie propre à l'énergie vitale.

6

Une telle interprétation se trouve en opposition directe avec cette loi générale en vertu de laquelle on constate que *toute virtualité analogue ou semblable par ses effets à une autre virtualité tend à lui faire équilibre, ou à développer une série phénoménale inverse à celle qui lui fait antagonisme.*

S'il est, en effet, un problème difficile à résoudre, c'est bien celui du mode d'action des semblables dans le mécanisme de la guérison.

En suivant l'ordre successif des faits, voici ce que l'on observe :

Une maladie étant donnée, si on lui oppose un agent médicamenteux doué du pouvoir de faire naître à l'état de santé une série phénoménale aussi analogue que possible à celle qui caractérise la maladie, un changement dans l'ordre de son évolution ne tarde pas à se manifester, et la maladie tend vers sa terminaison par une voie plus courte que celle de son évolution naturelle.

Qu'est-il permis d'induire de ce fait ? C'est généralement par une figure que l'imagination le conçoit et l'exprime : — On dit que les ressorts comprimés de l'organisme se sont librement distendus ; — qu'une réaction favorable s'est manifestée ; — que les tendances anormales ou vicieuses de l'économie ont été rectifiées ; — que la synergie des actions a été rétablie, etc., etc., toutes choses fort justes au fond, mais qui n'aboutissent qu'à l'énoncé même du fait, et n'expliquent rien que d'une manière figurée ou imaginative.

Si, pour se rendre compte de l'action des semblables, on interroge à leur tour *les lois générales et supérieures de la nature*, alors seulement on commence à obtenir une conception plus exacte du fait. De prime abord, on trouve un rapport exact entre la règle des semblables et *la loi universelle de réaction* en vertu de laquelle *toute action suppose et entraîne nécessairement une réaction, c'est-à-dire la tendance à un ordre phénoménal différent ou opposé à l'action.*

Si on demande à *la science des mathématiques* la raison du même fait; ici encore on est servi exactement par l'analogie. Exemple : la résistance vitale et la cause morbifique étant considérées comme des *forces,* — de leur conflit naît une *résultante,* un état, la maladie que nous figurons par le signe —.

Si donc on oppose à cet état dynamique appelé maladie, et figuré par —, une force médicatrice également caractérisée et figurée par —; le produit de ce nouveau conflit, comme l'indiquent les mathématiques, sera égal à $+$, selon la formule : $- \times - = +$. D'où suit que le produit qui naît du conflit de la maladie (exprimée par —) avec une force médicamenteuse (figurée par —) semblable ou analogue, est précisément inverse ou opposé à la maladie, comme le signe $+$ est opposé ou inverse au signe —.

La même notion mathématique nous apprendrait encore que, si on opposait à la maladie (—) une force médicamenteuse inverse ou opposée, c'est à-dire $= +$ le résultat serait précisément analogue ou *adæquat* à l'état de la maladie, comme l'indique le produit, de $- \times +$, lequel $= -$.

Enfin, veut-on faire appel à la physique et à la dynamique des corps pour trouver la solution du problème cherché, la physique et la dynamique vous répondent : — *Lorsque deux forces sont en présence, si elles sont égales, elles se font équilibre; si elles sont inégales, c'est la plus forte qui l'emporte* : ou encore, *les électricités de même nature se repoussent.*

Toutes ces manières d'envisager la question sont favorables à son intellection et l'emportent incontestablement sur les explications arbitraires des écoles, touchant le mode d'action des différents procédés thérapeutiques. Mais, si jusqu'à un certain point elles donnent satisfaction au sens philosophique du fait, il s'en faut de beaucoup qu'elles fassent toucher du doigt la raison intime de ce fait. L'esprit se demande encore comment il peut se faire qu'une force analogue ou semblable, et parfois identique à la cause du mal ou à ses effets, puisse, lorsqu'elle est mise en contact avec la force vive de l'organisme, produire précisément le contraire de ce qui se passe chez le sujet à l'état sain, et déterminer une tendance phénoménale inverse à celle actuellement existante, au lieu d'ajouter le mal au mal, et d'imprimer à la maladie une impulsion plus énergique...

La raison intime d'un fait aussi imposant ne peut, à mon sens, se trouver que dans la *loi d'évolution* des phénomènes biogénésiques. Une maladie étant donnée, constituée en essence par les modifications spéciales qu'elle imprime aux actions et au principe des actions, elle tombe dans le domaine de la loi d'évolution des phénomènes organiques, et tend à parcourir ses périodes dans un ordre déterminé, invariable, selon l'espèce. Lors donc qu'un agent médicamenteux vient *suspendre*, *arrêter* ou *modifier* l'ordre d'évolution des phénomènes morbides, il faut reconnaître qu'il n'a pu accomplir une telle mission sans atteindre aux sources même de la vie, aux lois qui, dans l'intimité de l'organisme, président à l'évolution de tous les phénomènes biogénésiques.

Reste à exposer le pourquoi et le comment d'un tel phénomène.

Dans la cure par les semblables, tout médicament agissant en vertu de son pouvoir ou de sa tendance à reproduire la série des phénomènes morbides déjà existants s'oppose par là même à la libre évolution de la maladie, et en détermine l'arrêt, l'annihilation ; c'est-à-dire l'interruption de la série commencée : voilà le fait. Où en est la raison ? — J'ajoute : Si une force morbifique semblable, ou plus, *identique*, est opposée à la maladie, elle semble agir dans l'organisme comme si elle lui était redevenue ontologiquement étrangère, comme une force nouvelle, et donne lieu, en vertu de la loi de similitude, au développement des conditions nécessaires à une réaction favorable : — Pourquoi et comment ?

Dans quel cas y a-t-il aggravation ?

Lorsque l'impression exercée sur les forces vitales dépasse la somme d'énergie qu'elles sont susceptibles de mettre en jeu en un moment donné ; — ou bien lorsque les synergies ont été rompues, et que cette somme d'énergie est impuissante à rétablir l'ordre et l'harmonie dans les actions, etc. — Pourquoi, et comment ?

Quand on ne peut toucher du doigt un principe, une loi, on suppose cette loi, ce principe..... c'est-à-dire que l'intelligence humaine a souvent le pressentiment

ou la prescience d'une loi avant d'en avoir une perception tellement vive qu'elle puisse exactement la
définir.

Ensuite, les interprétations les plus rapprochées de
la vérité peuvent être faussées au contact des préjugés
et des faux principes scientifiques.

. . . .

Chaque fois qu'un *contagium* médicamenteux ou
morbide est mis en contact avec l'organisme, celui-ci
reçoit une impression dont le mode de répercussion
varie suivant l'ordre phénoménal dont l'organisme est
alors le théâtre ; les médicaments, de même que les
influences morbides, n'agissent pas de la même manière en santé et en maladie : voilà d'abord ce qu'il
faut reconnaître.

S'il s'agit d'un *contagium* médicamenteux ou toxi-
que, l'économie tend à l'expulser. Si l'action de ce
contagium n'est pas assez énergique pour donner la
mort, il s'établit un état intermédiaire de *tolérance*
combiné avec un appareil phénoménal qui simule la
marche des affections chroniques, surtout si l'élimination ne se fait qu'imparfaitement, ou si même l'intromission du poison continue.

S'il s'agit d'un *contagium* morbide, celui-là réclame
des conditions spéciales pour développer sur l'homme
la série phénoménale qui lui est propre. C'est pourquoi
tout le monde n'est pas atteint dans une épidémie.

Si l'action d'un *contagium* médicamenteux ou morbide
semblable est plusieurs fois répétée sur le même sujet
pendant le cours même de l'évolution d'une maladie,
en vertu de la tendance de chaque contamination à re-

produire la série entière des phénomènes morbides, l'ordre et la marche de l'évolution pathologique sont interrompus, modifiés, et la résistance vitale se trouve suspendue entre deux forces, dont l'une, celle qui résulte de la maladie, tend à continuer son évolution naturelle, et l'autre (le *contagium* médicamenteux) à la ramener à son point de départ et à lui faire recommencer la série phénoménale tout entière. Alors s'établit un temps d'arrêt, une sorte d'équilibre dans lequel *la maladie, placée entre deux forces à directions contraires, laisse prédominer la force médicatrice, et tend à sa terminaison par une voie plus courte* (1). Voilà, je crois, la véritable théorie de l'action des semblables.

Dans la cure par les semblables, il n'y a donc rien de changé dans la maladie que son évolution. S'il s'agit d'une maladie à évolution rapide, elle peut s'évanouir sans laisser de traces. Si c'est une maladie chronique, elle s'affaiblit par degrés, mais la tendance congénérique de l'économie à reproduire la même série phénoménale morbide persiste, et tantôt elle s'éteint peu à peu sous l'influence d'un traitement bien dirigé, tantôt va renaître sur d'autres générations en suivant

---

(1) Ce qui peut encore se traduire ainsi : La force vitale, placée entre deux tendances opposées, celle qui appartient à la maladie, celle qui résulte du médicament, reprend sa libre influence et développe le travail nécessaire à une résolution plus prompte.

On peut objecter à cette théorie que, lorsque la maladie n'est encore qu'à son début, le médicament ne peut tendre à lui faire recommencer la série phénoménale qui la caractérise. Mais on peut aussi répondre que, si la maladie n'est qu'à son début, elle existe déjà tout entière en puissance avec ses périodes et sa marche invariable, et que chaque dose de médicament, par sa tendance à en reproduire sans cesse les phénomènes initiaux, vient chaque fois contrarier et interrompre sa marche naturelle.

une marche ascendante ou descendante, selon les conditions physiologiques des sujets.

*Dans les temps d'épidémies, les agents prophylactiques
agissent en émoussant, par l'empire de l'habitude, la
réceptivité de l'organisme aux influences septiques* (1).

Mais de telles questions ne peuvent qu'être effleurées
dans ce travail.

Après un intéressant chapitre sur le mode d'administration des médicaments, l'auteur termine son livre
par une suite de corollaires qui résument son opinion
sur les principaux points de doctrine.

Voici les conclusions de son travail :

« La médecine peut-elle être élevée sur des principes
absolus et mise au rang des sciences constituées? Nous
n'hésitons pas à dire oui : en la faisant entrer dans la
voie large et féconde du dynamisme, celle dans laquelle
se trouvent engagées les sciences naturelles constituées
dont elle n'est qu'un rameau ; en lui donnant pour base
le *principe du naturisme* dont la *loi des semblables*
n'est qu'une conséquence logique, et en fixant par l'induction les principes auxquels on doit rapporter les
faits qu'elle embrasse, afin de n'avoir plus besoin, dans
son domaine, de s'engager dans la voie funeste et in-
certaine des hypothèses sans fondement. »

La doctrine de la *maladie réaction* en pathologie a
pour base, en effet, celle du *naturisme*. L'une est la con-

(1) Ici encore trouvent leur place les faits suivants, convertis en axiomes :
Deux forces égales mises en opposition se font équilibre et s'annihilent ; —
les électricités semblables se repoussent.

séquence de l'autre. Qu'est-ce que le *naturisme?* comment doit-on entendre *l'imitation de la nature? —* C'est ce que nous voulons encore examiner en quelques lignes.

Hippocrate appelait *nature* ce que, de nos jours, on désigne sous le nom de *force* ou *principe vital.* Il est donc le père du vitalisme en physiologie. Mais en pathologie il diffère du plus grand nombre parmi les modernes, par le système auquel on a donné le nom d'*humorisme,* et qui consistait à considérer *une partie* des maladies comme résultant de l'excès, ou de la privation, ou du déplacement, ou de l'altération de l'une ou de plusieurs des quatre humeurs cardinales (sang, bile, atrabile, phlegme), ou de leurs qualités, lesquelles consistaient dans un juste équilibre entre le chaud, le froid, le sec, l'humide, et autres qualités physiques ou physiologiques de ces humeurs. Telles étaient les conditions sur lesquelles reposaient la nature et la cause de la plupart des maladies. — De cette interprétation suivait que, lorsque Hippocrate et les médecins de son temps voyaient surgir spontanément des évacuations sanguines, bilieuses ou autres, ils en induisaient que c'était la cause de la maladie elle-même qui faisait irruption au dehors par un effort autocratique de la nature, c'est-à-dire de la force vitale. — Puis, par une conséquence logique de cette idée, le but de la thérapeutique se résumait tout entier dans l'imitation des procédés expulsifs de la nature. Le médecin cherchait donc à produire par les moyens artificiels de la thérapeutique le déplacement ou l'expulsion des humeurs morbifiques, à rénover les liquides viciés, à rétablir

l'équilibre dans leurs qualités ; en un mot, à aider la
nature dans ces opérations. —Cette méthode, comme
on le voit, dérivait d'une interprétation erronée des
phénomènes pathologiques, dans laquelle ce qui n'était
qu'un effet était pris pour la cause même de la maladie.

Voilà en quoi consistait le naturisme d'Hippocrate.
Tel ne peut être le naturisme d'aujourd'hui, si toutefois il reste un système auquel on puisse donner ce
nom, à moins que l'on ne veuille, effaçant d'un trait de
plume les travaux de plusieurs siècles, revenir aux humeurs cardinales, aux qualités élémentaires et à la
matière peccante.

Pour être naturiste dans le sens d'Hippocrate, il faut
donc :

Interpréter à l'inverse les actions physio-patholo-
giques ;

Considérer les symptômes, tantôt comme la cause de
la maladie, tantôt comme la réaction ou l'effort de la
nature médicatrice ;

Par suite, inciter, augmenter les phénomènes que
l'on prend pour l'effort réactionnel de la nature, pour
faire cesser cet état lui-même ;

Et, les évacuations étant considérées comme l'expression de la réaction dont le but est l'expulsion de l'économie des principes du mal, des produits hétérogènes,
multiplier les évacuations : « *Ars imitatio naturæ.* »

En d'autres termes, fidèles à la doctrine du naturisme, qui nous dit : « La nature guérit les maladies
(*Traité des épidémies*), soit en produisant la coction des
humeurs, soit en éliminant celles qui sont en excès, ou

qui sont viciées, tantôt par les hémorrhagies, tantôt
par la diarrhée, par les vomissements, par les diurèses,
les sueurs, les abcès, les tumeurs, etc. (*lib. de Rat.
vict. in acutis, de crisibus, de diebus criticis*), on doit
tendre à « *provoquer des crises salutaires!* »

Comment saurait-on mieux faire, en effet, que d'i-
miter la nature, surtout lorsque ce qu'elle fait est bien
fait, par exemple lorsqu'elle affecte notre fragile enveloppe de phlegmons, d'ulcères, de tumeurs, de squam-
mes, d'hypertrophies, d'hémorrhagies, de goutte, de
suppurations ou de toutes autres manifestations de sa
bénigne influence, dont elle ne se montre aucunement
avare?

De grâce, tâchons, avant toute chose, de ne pas faire
parler à la nature une langue qu'elle ignore, de ne pas
mettre notre sens à la place des faits. Le *medicus naturæ minister et interpres* est encore entouré des langes
de l'enfance, laissons-le grandir.

Que n'a-t-on pas justifié au nom de cette maxime :
« *Provoquer des crises salutaires!* »

Et d'abord, qu'est-ce qu'une crise? Voici dans quels
termes s'exprime à ce sujet le dictionnaire de Nysten
(édition de 1824) : « On entend aujourd'hui par *crise*
un changement, le plus souvent favorable, qui survient
dans le cours d'une maladie, et s'annonce par quelques
phénomènes particuliers, comme une excrétion abon-
dante, une hémorrhagie considérable, des sueurs, un
dépôt dans les urines, etc. Quoique l'existence des
crises soit niée par certains médecins, on ne saurait
méconnaître que, dans une multitude de cas, ce qu'on
a appelé *crise* n'annonce le prochain rétablissement du

malade : *peu importe, d'ailleurs, qu'elle soit une des causes de cette amélioration, ou qu'elle n'en soit qu'une conséquence.* »

Ainsi que cela résulte du *consensus* qui a servi de base à cette définition, il est sans conteste que le phénomène auquel on a donné le nom de crise, soit le résultat d'un changement heureux survenu dans les fonctions, et qu'il mérite d'être élevé au rang de signe pronostique. Mais considérer cet acte, selon l'opinion des anciens, comme le mécanisme même dont se sert la nature pour mener une solution favorable, serait dépasser les limites de la saine observation, et substituer les vues incomplètes de l'entendement aux faits eux-mêmes. Les termes nécessaires pour établir un rapport entre les opérations tangibles et intangibles de la nature, et de là s'élever à leur compréhension exacte, nous font défaut.

Du reste, ces actes mystérieux, ces phénomènes auxquels on a donné le nom de *crises*, sont loin d'être constants ou constamment appréciables. Combien n'est-il pas de maladies, ou de cas de maladies que l'on voit incliner à la santé par une douce et tranquille transition, sans que l'œil du médecin puisse saisir autre chose que l'amendement général, la diminution progressive des phénomènes morbides, la chute du pouls, etc. !

De tous les phénomènes appelés *critiques*, le plus constant est le changement qui s'opère dans les urines. Est-il donc des faits qui permettent d'établir que ce soit de la constitution chimique des urines que dépende la guérison ? Ne serait-il pas plus logique d'admettre que c'est du changement favorable survenu dans toute l'économie que dépend l'état chimique de cette excrétion ?

Si dans certaines maladies on voit les urines déposer un sédiment au début de la période de déclin, souvent aussi c'est l'inverse qu'on observe, notamment dans les affections rhumatismales.goutteuses et calculeuses, où les urines sédimenteuses s'observent, tantôt à la période descendante de la maladie, tantôt à la période ascendante ou à celle d'état. Souvent donc les pôles sont renversés. : que deviennent alors les interprétations basées sur les urines critiques et les crises salutaires?

Au reste, quelle serait pour un partisan de l'école pharmaco-dynamique l'utilité des préceptes qui nous viennent de l'humorisme? Qu'est-ce que *provoquer des crises salutaires* pour un adepte du principe des semblables? Qui ne sait que ces crises salutaires ne se provoquent pas aussi facilement qu'elles se décrètent, et que l'on n'obtient pas facilement de la nature ce qu'elle se refuse à exécuter, surtout quand on s'écarte des voies tracées par la loi des indications positives?

Dire que l'on imite la nature, parce qu'on aura appliqué un médicament dont la vertu est de provoquer chez l'un ce qu'il s'agit de faire cesser chez un autre, sous le prétexte absolument hypothétique que les symptômes morbides de celui-ci ne sont que des efforts de la nature, n'est faire absolument autre chose qu'un jeu des mots de la langue, au détriment du sens véritable de la loi fondamentale de la thérapeutique.

Ne nous est-il pas donné de voir parfois nos confrè-frères du camp opposé, guérir avec les mêmes agents les mêmes maladies que nous-mêmes, sauf la différence des doses? — Les principes posés par la doctrine nouvelle permettent-ils d'accepter les explications hypothétiques de chacun sur le mécanisme de la guérison? L'un ne prétend-il pas avoir guéri, parce que suivant lui, le médicament a mis en jeu spécialement la faculté d'exciter la circulation; — celui-là, ses vertus drastriques, et par suite dérivatives; — cet autre, ses vertus toniques fortifiantes; — le chimiste, son action altérante; — tel autre, ses vertus spécifiques? Tel autre, qui n'a pas ménagé les doses, ne fait il pas l'honneur de la guérison à une crise salutaire? (lisez, à une superpurgation); — tel autre enfin, n'avoue-t-il pas qu'il ne sait ni pourquoi ni comment la guérison s'est produite? — Laquelle de ces opinions concorde avec la loi fondamentale des indications positives?

Ne serait-il donc pas plus rationel, en attendant que le mystère de la curation des maladies nous soit complétement dévoilé, de s'abstenir d'interpréter la nature, et de s'en tenir à la pratique de la véritable indication, laquelle consiste, en définitive, à appliquer chez le malade l'agent le plus en rapport de causalité physio-pathogénétique avec la maladie, justifiant cette pratique, non sur la raison, mais bien sur l'expérience directe, abstraction faite, en principe, de tout commentaire, de toute explication.

Respectons les anciens jusque dans leurs hypothèses, et n'oublions pas qu'ils nous ont légué la mission et le devoir, non de propager leurs erreurs, mais de continuer leurs travaux en les dépouillant graduellement de ce qu'ils ont d'inexact, selon la progression de l'esprit humain dans tous les ordres de connaissance.

Mais ce n'est pas tout d'avoir critiqué chez notre confrère une erreur commune à beaucoup de médecins, et avec des arguments et des opinions que je suis éloigné moi-même de considérer comme étant l'expression du dernier mot de la science; je dois rendre justice au mérite de son œuvre, qui atteste un véritable progrès dans l'étude philosophique des faits médico-biologiques, étude tant délaissée, et pourtant si utile, car c'est elle qui, en dépouillant les faits de leur écorce, nous apprend à en pénétrer le sens mystérieux, nous permet d'élever cette intellection jusqu'aux hauteurs de la théorie, et qui par conséquent nous livre les clefs de l'art lui-même.

Dr Pitet.

PARIS. — IMP. SIMON-RAÇON ET COMP., RUE D'ERFURTH, 1.